Denys Arcand

LE DÉCLIN DE L'EMPIRE AMÉRICAIN

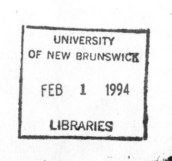
Boréal

Données de catalogage avant publication (Canada)

Arcand, Denys

   Le déclin de l'empire américain

   2-89052-175-3

   1. Le déclin de l'empire américain
   (film cinématographique) I. Titre

PN1997.D42A72 1986   791.43'72   C86-096353-5

Transcription du texte: Diane Binette

Photographies: Bertrand Carrière

Photocomposition : Les Ateliers Graph-Express

Diffusion pour le Québec:
Dimedia: 539, boul. Lebeau,
Saint-Laurent (Québec) H4N 1S2

Distribution pour la France:
Distique: 17, rue Hoche,
92240 Malakoff

© Les Éditions du Boréal
5450, ch. de la Côte-des-Neiges,
Bureau 212, Montréal H3T 1Y6
ISBN 2-89052-175-3
Dépôt légal: 3e trimestre 1986
Bibliothèque nationale du Québec

Personnages et interprètes du film

Pierre, 39 ans, professeur au département d'histoire de l'Université, Ph. D. (Princeton), divorcé depuis dix ans, célibataire, amant de Danielle .... Pierre Curzi

Rémy, 38 ans, professeur au département d'histoire de l'Université, Ph. D. (Berkeley), marié depuis quinze ans à Louise, deux enfants .... Rémy Girard

Claude, 37 ans, professeur au département d'histoire de l'Université, doctorat en histoire de l'art (Florence), célibataire .... Yves Jacques

Alain, 26 ans, maîtrise en histoire (Montréal), professeur suppléant dans les écoles primaires et secondaires de Montréal, correcteur de copies pour Pierre et Rémy........................... Daniel Brière

Dominique, 46 ans, directrice du département d'histoire de l'Université, doctorat de troisième cycle (Sorbonne), célibataire .... Dominique Michel

Diane, 38 ans, chargée de cours au département d'histoire de l'Université, licence d'histoire (Montréal), divorcée, deux enfants .... Louise Portal

Louise, 38 ans, baccalauréat en musique (École Vincent-d'Indy), donne des leçons de piano à temps partiel, mariée à Rémy depuis quinze ans, deux enfants .... Dorothée Berryman

Danielle, 23 ans, étudiante en troisième année du premier cycle au département d'histoire à l'Université, maîtresse de Pierre .... Geneviève Rioux

Mario Alvarez, 27 ans, sans emploi connu, amant de Diane .... Gabriel Arcand

Nathalie, 7 ans, fille de Diane .... Ariane Frédérique

La gérante du salon de massage, 35 ans .... Evelyn Régimbald

François, autour de 40 ans, instructeur de tennis .... Robert Doutre

Mustapha, historien africain .... Jean-Paul Bongo

Thérèse, épouse de Charles, une participante à la partouze .... Lizette Guertin

Charles, un participant à la partouze, mari de Thérèse .... Charles Bernier

Kim, un travesti, rue Saint-Laurent .... Alexandre Rémy

Note sur le tournage

Ce film comporte deux lieux principaux de tournage. D'abord dans deux grandes maisons blanches, en bois, au bord d'un lac dans un paysage de montagnes. Elles appartiennent à Rémy et à Pierre qui les ont achetées il y a déjà plus de dix ans. On devine qu'ils louent à Diane et à Claude deux petits chalets, presque des dépendances. Ensuite, dans un énorme centre sportif universitaire, que nous visiterons au complet avec son terrain de football en gazon synthétique, sa piscine olympique, sa salle de musculation, ses saunas, ses bains tourbillons, etc. Une impression de richesse et d'aisance.

Avant-propos

Les scénarios, généralement, ne sont pas faits pour être lus. Ils ne sont qu'une étape du cheminement cinématographique. Mais il est bien difficile de résister à un éditeur entreprenant. Cela demanderait une rigueur que je n'aurai jamais. D'autant plus qu'avec cette publication j'ai l'impression de me rapprocher du genre littéraire qui est celui, au fond, que j'affectionne le plus. À mesure que je vieillis, les livres me donnent de plus en plus de satisfactions et les films de moins en moins. Non pas que je ne sois plus amoureux de mon métier de cinéaste, mais le cinéma coûte tellement cher, et il est soumis à de tels impératifs commerciaux, que lorsque je vois un film comme spectateur, bien souvent, je ne vois que du fric sur l'écran. Du fric en trop, ou trop peu de fric. Des mauvais acteurs mais qui sont très populaires. Des musiques débiles mais qui font vendre beaucoup de disques, ou des musiques de synthétiseur parce qu'on n'a pas les moyens d'avoir un orchestre. Les exemples sont trop nombreux. Et je me prends à rêver de la pureté du stylo sur la page blanche.

Et pourtant il n'y a pas de mots pour décrire la luminosité d'un œil rempli de larmes photographié à travers un objectif Panavision. Ou les lueurs glauques de l'aube sur le lac Memphrémagog. Ou l'infinie complexité du jeu des très bons acteurs, et la richesse de leurs visages. Sans compter que l'écrivain, solitaire, ne connaît jamais la joie conviviale que nous éprouvons à faire un film, ces passions absolues et éphémères qui unissent et déchirent les artisans d'un film ou d'une pièce de théâtre.

Ceci dit, j'ai fait ce film dans des conditions de liberté assez exceptionnelles. Roger Frappier m'avait demandé de lui écrire un scénario modeste et intime, et après bien des tâtonnements, j'ai commencé à griffonner quelques petites scènes de la vie quotidienne à Montréal en 1985. Des conversations entendues ici ou là, ou encore auxquelles j'avais participé, des scènes que j'avais vécues ou qui m'avaient été racontées par des amis, des confessions que j'avais reçues, un peu par hasard, ou parce qu'un scénariste provoque les aveux, consciemment ou pas. Ce film est donc très proche de moi, de ma vie et de celles de mes amis. C'est pourquoi il met en scène des intellectuels, au lieu des habituels policiers, bandits ou mannequins qui remplissent généralement les écrans. Comme je n'avais pas fait de film personnel depuis douze ans, et que selon toute vraisemblance cette chance ne me serait pas donnée encore bien souvent dans ma vie, je me disais que ce film serait probablement l'avant-dernier que j'écrirais avant de mourir (je suis naturellement pessimiste). J'ai donc décidé de me faire plaisir et de fabriquer un film qui irait contre toutes les lois communément admises de l'art cinématographique: peu d'action, beaucoup de dialogues, beaucoup de références très personnelles. Or il se trouve que ce film a du succès. C'est même de tous mes films celui qui se révèle le plus populaire. Comme quoi on ne sait jamais ce qu'on fait. Moi, en tout cas, je ne le savais pas. Je fais pour le mieux, comme on dit.

Denys Arcand

LE DÉCLIN DE
L'EMPIRE AMÉRICAIN

Université,
salle de cours. Jour

Gros plan sur une étudiante vietnamienne qui
écoute attentivement Rémy, dans une salle de
cours pleine d'étudiants. Rémy est devant un
tableau noir couvert de notes, il porte une veste
sombre, une chemise et une cravate.

RÉMY

Il y a trois choses importantes en histoire. Premiè-
rement, le nombre. Deuxièmement, le nombre.
Troisièmement, le nombre. Ça, ça veut dire par
exemple que les Noirs sud-africains finiront certainement un jour par gagner, alors que les Noirs
nord-américains n'arriveront probablement jamais
à s'en sortir. Ça veut dire aussi que l'histoire n'est
pas une science morale. Le bon droit, la compas-
sion, la justice sont des notions étrangères à
l'histoire.

Hall de l'Université. Jour

Un très long travelling dans le hall. La caméra
suit un étudiant en jeans, en patins à roulettes.
Des gens, rares, traversent le hall. Générique du
début en surimpression. On termine en plan
moyen sur Dominique et Diane assises sur le
rebord d'une fenêtre. Diane vérifie le magnétophone qu'elle porte en bandoulière, et sur lequel
on reconnaît l'emblème de Radio-Canada.

DIANE

Entrevue de Dominique Saint-Arnaud par Diane Léonard pour « Littérature au pluriel ». Fin d'identification.

* * *

Diane et Dominique marchent dans le hall vide. Diane tient le micro devant sa bouche et devant celle de Dominique alternativement.

DIANE

Dominique Saint-Arnaud, directrice du département d'histoire de l'Université, vous venez de publier aux Presses universitaires un livre que vous intitulez *Variances de l'idée du bonheur*. Pourriez-vous nous en parler un peu?

DOMINIQUE

Oui, c'est un livre qui part de l'hypothèse que la notion de bonheur personnel s'amplifie dans le champ littéraire en même temps que diminue le rayonnement d'une nation, d'une civilisation.

DIANE

Et qu'entendez-vous par bonheur personnel?

DOMINIQUE

Bien, disons... l'idée de recevoir de sa vie quotidienne des gratifications immédiates et que la mesure de ces gratifications constitue le paramètre normatif du vécu.

DIANE

Pourriez-vous donner un exemple précis pour nos auditeurs? *(Sous-entendu: ils ne comprendront rien à tout ça.)*

* * *

Elles marchent toujours, montent un escalier, longent un corridor.

DOMINIQUE

Bien... par exemple, le mariage. Dans les sociétés stables, le mariage est un mode d'échange économique ou politique, ou encore une unité de production.

DIANE

Ce qui veut dire?

DOMINIQUE

Ce qui veut dire qu'un mariage réussi n'a rien à voir avec le bonheur personnel des deux individus mariés ensemble. À la limite, la question ne se pose même pas. Comme si une société en développement se préoccupait davantage du bien collectif ou d'un bonheur hypothétique futur plutôt que de satisfactions individuelles immédiates.

Elles traversent un corridor vitré et passent
devant une murale très colorée. Quelques rares
personnes sont assises ou se déplacent dans le
décor.

DOMINIQUE

Dans la littérature romaine par exemple, la notion
d'amour conjugal commence à proliférer sous Dio-
clétien au troisième siècle, au moment où la struc-
ture de l'Empire s'effondre. Même phénomène
dans l'Europe du dix-huitième siècle, où l'idée
rousseauiste de bonheur précède de peu la Révolu-
tion française.

Elles débouchent en haut d'un escalier roulant.
Derrière elles, fenêtre avec vue sur des édifices
au loin.

DOMINIQUE

Et je pose la question paradoxale: cette volonté
exacerbée de bonheur individuel que nous obser-
vons maintenant dans nos sociétés n'est-elle pas,
en fin de compte, historiquement liée au déclin de
l'empire américain que nous avons maintenant
commencé à vivre?... *(Silence.)* Ça va comme ça?

Diane interrompt le magnétophone et regarde
sa montre.

DIANE

Oh, il faudrait que tu m'en fasses cinq minutes de
plus. On espérait avoir Milan Kundera, mais il est
reparti à Chicago. Il faut rallonger tout le reste.

DOMINIQUE

Oui, mais quoi?

DIANE

N'importe quoi. Désintégration sociale, dégénérescence des élites. *The usual.*

Soupir de Dominique.

Lac Memphrémagog, maison de Rémy. Jour

La scène s'ouvre sur un plan large du lac Memphrémagog en automne. Pierre et Rémy
remontent du lac vers une belle grande maison
de bois toute blanche.

RÉMY

Le plus drôle dans le livre de Dominique, finalement, c'est qu'il est presque jamais question des
femmes.

PIERRE

C'était pas son sujet.

RÉMY

Mais quand même: faut faire exprès pour passer à
côté!

PIERRE

Je ne suis pas sûr qu'elle ait eu envie de poser l'équation du pouvoir féminin et de la décomposition sociale.

RÉMY

Non, mais ce que je veux dire, c'est que l'accession des femmes au pouvoir a toujours été liée au déclin. Tu sais ça aussi bien que moi, c'est presque un symptôme!

PIERRE

Tu lui parleras de ça tout à l'heure. *(Avec un sourire malicieux.)*

RÉMY

Merci! *(Avec un air entendu.)*

Ils déambulent sur le terrain vers la maison. Rémy pose la main sur l'épaule de Pierre. On les suit de dos.

Parlant de pouvoir féminin, tu devrais voir la petite Vietnamienne que j'ai dans mes cours. Une splendeur!

PIERRE

Le problème avec les Asiatiques, c'est que j'ai toujours l'impression qu'elles s'en vont porter mon argent à leur jeune frère malade. J'arrive jamais à les imaginer ontologiquement vicieuses.

Rire de Rémy.

Maison de Rémy, centre sportif de l'Université. Jour

Un téléphone sonne sur la table, sur le perron de la maison. Rémy décroche le récepteur.

RÉMY

Allô?

Montage parallèle avec la scène à l'intérieur du Centre sportif de l'Université. Au haut d'un escalier, Louise, en vêtement d'exercice, parle au téléphone, face à la caméra. Danielle (qu'on ne voit pas tout de suite) est près d'elle, appuyée à la rampe d'escalier.

LOUISE

C'est moi... Écoute, Sébastien a cassé la vitre de la porte de la cuisine en jouant au base-ball. J'ai collé une feuille de plastique, mais je me demandais si je devrais pas faire venir quelqu'un...

RÉMY (off)

C'est pas nécessaire, je m'en occuperai lundi.

LOUISE

Et puis j'ai eu des problèmes avec mon auto. Je pense que c'est le démarreur ou je sais pas quoi. En tout cas, j'ai pas été capable d'aller reconduire Sylvaine à son cours de ballet. Je te dis que ç'a été tout un drame.

RÉMY (off)

Ah bon? *(Ennuyé.)*

> La caméra se rapproche de Louise.

LOUISE

Dominique et Diane sont pas encore arrivées. Alors je voulais dire aussi de pas vous inquiéter, on va peut-être arriver un petit peu en retard.

> Retour vers Rémy debout sur la véranda.

RÉMY

C'est pas grave, on vous prendra quand vous arriverez.

> Retour à Louise.

LOUISE

Y a Danielle qui veut parler à Pierre.

> Danielle s'approche et Louise lui remet le récepteur. Rémy tend le récepteur à Pierre.

PIERRE

Allô?

DANIELLE (En gros plan.)

Je voulais juste te dire que je t'aime.

Retour sur Pierre, surpris, intimidé.

PIERRE

Ah oui?

Retour sur Danielle.

DANIELLE

Toi?

PIERRE (off)

Moi?

DANIELLE

M'aimes-tu encore?

Retour à Pierre sur la véranda.

PIERRE

Oui, bien sûr. *(Un peu mal à l'aise.)*

Retour à Danielle.

DANIELLE

T'oses rien dire parce que Rémy est pas loin, c'est ça?

Retour à Pierre.

DANIELLE (off)

Salut, à tout à l'heure.

PIERRE

À bientôt.

Il raccroche le récepteur, puis, se tournant vers l'intérieur de la maison, il demande à Claude qui s'affaire déjà dans la cuisine:

As-tu besoin de nous maintenant?

Chalet de Rémy, cuisine. Jour

Claude referme la porte du réfrigérateur, un plat de truites à la main. Il porte un tablier.

CLAUDE

(Se tournant vers Pierre.) Pas avant une demi-heure. Faut que j'arrange les truites. *(À Alain.)* Apporte les échalottes.

Alain le suit dans la pièce attenante.

Grande salle d'exercices du centre sportif. Jour

Louise, étendue sur un matelas d'exercice, fait des sit-up, pendant que Danielle lui tient les jambes. Louise s'arrête.

LOUISE

J'ai tellement mal dans le dos!

DANIELLE

Tu devrais aller nager un peu.

LOUISE

Je trouve toujours l'eau trop froide. Puis je nage mal. Dans le fond, le seul exercice physique que j'aime , c'est faire l'amour. Après quinze ans de mariage, je peux pas compter là-dessus pour me tenir en forme!

DANIELLE

Tourne-toi.

Louise la regarde d'un petit air inquiet, puis elle s'étend à plat ventre sur le matelas. Danielle entreprend de lui masser le dos, agenouillée à la hauteur de ses hanches.

LOUISE

Être mince, être jeune, être belle... C'est pas compliqué, je suis toujours à la diète! C'est rendu que je me pèse chaque matin. J'ai peur de grossir, j'ai peur de ramollir... Sais-tu quoi? Je suis pas née à la bonne époque. *(Détendue et alanguie.)* J'étais faite pour être grosse. *(Danielle éclate de rire.)* C'est vrai! Ma grand-mère est morte à quatre-vingt-douze ans sans jamais rien faire de plus dur que jouer de l'orgue à l'église. C'était une grosse bonne femme rougeaude qui mangeait de la tourtière tous les soirs de l'hiver et qui buvait du vermouth avec ses beignes au sucre. Dans ce temps-là, les hommes aimaient ça, les grosses femmes.

Chalet de Rémy. Cuisine. Jour

Les quatre hommes travaillent. À part Alain, tous sont très à l'aise dans la cuisine. Rémy est devant un comptoir. Tous les personnages bougent presque sans arrêt pendant toute la scène.

RÉMY

T'as pas de vesiga évidemment?

CLAUDE

Non, prends du tapioca. J'en ai apporté, là. De la vesiga, y a juste un Polonais sur la rive sud qui en a des fois. J'avais pas le temps d'aller là, c'est à Brossard!

Pierre devant un comptoir.

PIERRE

Je me souviens d'avoir invité Leni Eisenbach dans un restaurant chinois, à Brossard.

> Rémy tient une tasse de tapioca à la main, devant l'évier. Alain passe devant lui.

RÉMY

Leni! À Brossard!

ALAIN

Y avait un bon restaurant chinois à Brossard?

> Les trois autres éclatent de rire devant sa naïveté et sa surprise.

ALAIN

Ben quoi?

RÉMY

(En riant encore, à Alain.) Donne-moi le persil.

PIERRE

J'étais encore marié dans ce temps-là.

ALAIN

Je comprends pas.

RÉMY

(À Pierre.) Penses-tu qu'un dessin pourrait l'aider, vu qu'il est de la génération de l'idiot-visuel?

ALAIN

Non, mais expliquez-moi!

PIERRE

Alors, un mois ou deux avant ça, j'emmène une de mes étudiantes manger des fruits de mer chez Delmo.

> Pierre porte un plat et une bouteille dans la pièce vitrée attenante. Il leur parle de là un moment.

PIERRE

Dans le but évidemment de la baiser sauvagement ensuite.

CLAUDE

Toujours le même pattern.

PIERRE

Alors, dans le restaurant, il y a une amie d'enfance de ma femme que moi je connais pas, mais qui m'a déjà vu à la télévision. Cette fille-là vient de se séparer parce que bien entendu son mari la trompait, et elle déteste tous les hommes.

RÉMY

Air connu!

PIERRE

Alors, quand j'arrive chez moi à quatre heures du matin en disant que la réunion de la revue d'histoire s'est prolongée, ma femme me demande si les fruits de mer étaient frais.

RÉMY

L'horreur! L'horreur!

PIERRE

Et voilà pourquoi les hommes mariés se tiennent en banlieue.

> Rémy hache les légumes au comptoir central, devant Claude. Alain les rejoint.

RÉMY

Moi, c'est à Brossard que j'ai failli prendre ma première amylnitrite.

ALAIN

C'est quoi ça?

CLAUDE

C'est un médicament pour les cardiaques; ça dilate instantanément les vaisseaux sanguins.

ALAIN

(À Rémy.) T'as failli avoir une crise cardiaque? À Brossard?

Les trois autres éclatent de rire.

RÉMY

Non! J'avais ramassé deux Américaines qui cherchaient la route de New York.

PIERRE

Tu pouvais pas les laisser dehors!

CLAUDE

La nuit, j'imagine?

RÉMY

Vous me connaissez: je leur ai offert de payer leur chambre de motel.

PIERRE

La charité chrétienne!

RÉMY

Charité qui est souvent récompensée: elles m'ont offert de coucher toutes les deux ensemble avec moi.

PIERRE

Deux belles âmes.

RÉMY

Les corps étaient pas mal non plus! *(Rire des quatre.)* Alors, y en a une qui a mis une pilule sur le coin de la table de chevet... *(Ouvrant le réfrigérateur, à Claude.)* C'est le fond de volaille, ça?

CLAUDE

Oui. Apporte-moi aussi la sauce veloutée.

Rémy referme le réfrigérateur et revient au comptoir avec les deux contenants de plastique.

RÉMY

Et puis, la petite pilule, elle me dit de l'avaler quinze secondes avant de jouir.

CLAUDE

(À Alain) Une amylnitrite quinze secondes avant l'orgasme, c'est l'extase absolue, comme saint Jean-de-la-Croix, mais ton cœur vieillit de dix ans chaque fois!

RÉMY

Sauf que moi, beau cave, j'étais tellement excité que j'ai complètement oublié de la prendre. Alors je l'ai apportée chez moi... *(Fou rire!)* Je l'ai prise le lendemain soir avec ma femme, en disant que je faisais des tests pour le département de pharmacologie!

Centre de conditionnement physique, piscine. Jour

Louise descend l'échelle de la piscine et se glisse doucement dans l'eau. Elle nage sur le côté. Un homme vêtu d'un habit de plongée, une bonbonne dans le dos, un masque sur le visage, surgit brusquement à côté d'elle. Son apparence est étrange et assez menaçante pour Louise. Elle pousse un cri étouffé et nage rapidement jusqu'à l'échelle. Elle sort de l'eau, à bout de souffle. Elle se retourne, paniquée. Le plongeur, dont on devine à peine le visage à travers son masque, l'observe en silence. Louise s'enfuit en passant sa serviette autour de son cou et en se retournant une autre fois.

Centre de conditionnement physique, vestiaire des femmes. Jour

Louise entre en courant. Diane et Dominique sont devant leurs cases en train de se changer pour le jogging.

LOUISE

Y a un plongeur dans la piscine!

DOMINIQUE

Ça doit être un des gars du club de plongée.

LOUISE

Ah oui?

DIANE

Mon Dieu, tu frissonnes!

LOUISE

L'eau est froide.

DOMINIQUE

Va dans le sauna. Ça va te réchauffer.

LOUISE

Oui. À tout de suite.

> Louise s'éloigne. Diane enlève son chandail, se retourne. Dans son dos, quelques marques rouges, comme des lacérations.

DOMINIQUE

C'est quoi ça?

DIANE

Quoi?

DOMINIQUE

T'as des marques dans le dos.

Diane se retourne rapidement vers Dominique
un peu pour dissimuler son dos.

DIANE

Ah, c'est rien. J'ai... j'ai pratiqué au judo.

DOMINIQUE

Au judo. *(Incrédule.)*

Diane enlève ses lunettes.

DIANE

Bien, c'est ça que j'ai dit à ma fille. Elle est jalouse,
elle est pire qu'un homme. *(Silence. Sourire de
Diane.)*

* * *

Dominique et Diane, habillées pour le jogging,
marchent dans un corridor vitré d'un côté.

DIANE

Non, en fait, je me suis embarquée dans une histoire un peu bizarre, avec un gars... invraisembla-
ble. C'est quelqu'un que j'ai rencontré dans un bar.

DOMINIQUE

Qu'est-ce qu'il fait dans la vie?

DIANE

(Soupir.) J'aime autant pas le savoir. La première

chose qu'il m'a dite, c'est qu'il était temps que je rencontre un homme comme lui... Un vrai... *(Elle fait un air entendu.)*

Terrain de football. Jour

> Diane et Dominique s'approchent des buts en courant, s'appuient sur un des poteaux et font des exercices d'étirement.

DIANE

Il a jamais fait l'amour avec moi normalement. Il m'a toujours prise par en arrière. Comme un homme. Avant lui, c'est quelque chose que je pouvais absolument pas supporter.

> Tête de Diane qui est couchée à plat ventre à terre. Elle fait des relèvements du tronc supérieur.

Les premières fois, il me tirait les cheveux par en arrière. Comme un cheval.

> Elle se tourne sur le dos et tire ses genoux sur son abdomen.

Et puis, il a commencé à me donner des claques sur les cuisses, sur les fesses. Puis à un moment donné, il a pris sa ceinture de cuir.

> Elle va toucher le sol derrière sa tête avec ses deux pieds en expirant avec force et en se frottant le bas du dos.

Un bon jour il m'a attachée après le calorifère, avec les cordons des rideaux. Dans des positions... de plus en plus... humiliantes.

> Elle se relève en position assise.

J'ai jamais joui comme ça dans ma vie. Mais là il faut que j'arrête parce que... c'est devenu trop dangereux.

> Dominique, étendue sur le côté, fait des ciseaux de jambes.

> DOMINIQUE

As-tu peur de lui?

> DIANE

Non, c'est... c'est de moi que j'ai peur.

> Elles courent à toute vitesse vers la caméra. Un sprint de trente verges. Elles s'arrêtent, à bout de souffle.

Tu vois, c'est moi qui veux toujours aller de plus en plus loin. C'est moi qui contrôle. *(Elle reprend son souffle.)* J'ai jamais eu autant de pouvoir. Le pouvoir de la victime, tu peux pas savoir ce que c'est, c'est effrayant.

> Un nouveau sprint. Vers la porte du stade. Elles s'arrêtent encore.

Tu sais, il a absolument besoin de moi. Puis ça n'a rien à voir avec les femmes battues, ou des histoires comme ça. Non, pas du tout, c'est... comme un jeu, avec des règlements précis, mais sans limites. Il y a des fois, j'ai l'impression qu'on pourrait aller jusqu'à se tuer. Le plus fou c'est que c'est quelqu'un que j'aime pas du tout. Mais... on dirait qu'il sait exactement comment... comment venir me chercher, comment m'avoir.

Elles entrent dans le stade.

Cuisine du chalet de Rémy. Jour

Pierre contourne Claude occupé à un comptoir. Il mélange quelque chose dans un bol qu'il tient à la main.

PIERRE

(À Rémy.) Ce qui te sauve, toi, c'est que tu mens comme tu respires!

Tout en parlant, Rémy s'occupe avec des plats, revient près de Claude.

RÉMY

Mais il y a pas moyen de faire autrement! Pierre, le mensonge est la base de la vie amoureuse, comme c'est le ciment de la vie sociale. Refuser le mensonge, ce serait aller au prochain congrès de l'Association, rencontrer un de nos éminents collègues de l'Université Laval, qui vient de passer vingt ans de sa vie sur l'histoire du catholicisme canadien, et lui dire que les mandements de Monseigneur Bourget, il peut se les rouler très serrés et se les fourrer... lentement... dans le cul.

CLAUDE

(Mimique horrifiée.) Pas les mandements de Monseigneur Bourget!

Rémy hoche la tête avec componction.

RÉMY

(Il rit.) Au lieu de ça, on lui serre la main avec affection en disant: Travail très impressionnant, mon cher!

PIERRE

Documentation prodigieuse!

CLAUDE

(Jouant le collègue félicité.) Vous trouvez?

PIERRE

Recoupements brillants!

CLAUDE

Vraiment messieurs, vous me mettez mal à l'aise!

Les trois rient.

RÉMY

C'est la même chose avec les femmes.

> Claude sort de la cuisine et se dirige lentement
> vers l'étage. La caméra le suit. On entend les
> voix des autres au loin.

PIERRE (off)

Chérie, cette coiffure te rajeunit de dix ans...

ALAIN (off)

J'ai pensé à toi toute la journée. Je voulais te
téléphoner mais j'ai pas eu le temps.

PIERRE (off)

On peut continuer à se voir, en amis.

RÉMY (off)

Moi, la séparation, je serais pas capable de vivre ça.
Les hurlements, les menaces de suicide, les sanglots à la porte...

> Claude entre dans la salle de bains. Il referme la
> porte et on n'entend plus Rémy. Il commence à
> uriner. Le bol de la toilette se remplit de sang.
> Le visage de Claude se couvre de sueur. Désem-
> paré, il s'essuie le front, sort de la salle de bains,
> s'assoit devant la bibliothèque, porte la main à
> sa bouche, inquiet, puis finalement se relève et
> redescend vers la cuisine. Pendant ce temps, la
> conversation continuait en bas, en voix off.

RÉMY (off)

Trouver un appartement, séparer la vaisselle, se chicaner sur le mobilier. J'ai connu un couple qui est allé jusqu'à diviser en deux les petits pots de fines herbes. Faut le faire!

PIERRE (off)

C'est souvent juste pour ça que les gens restent ensemble. C'est plein de couples qui décapent des vieilles maisons, qui en construisent des neuves, qui vont à Povogniktuk en ski de fond, qui traversent l'Atlantique à la voile. Ou alors ils vont dans des sex-shops, ils s'achètent des chaînes, du cuir, je sais pas quoi. Ou ils font des échanges de femmes, des petites orgies de sous-sol de banlieue. N'importe quoi pour éviter l'ennui mortel des vieux couples.

Retour à la cuisine.

PIERRE

Parce que l'amour, celui qui fait battre le cœur, qui fait envoyer des fleurs, c'est un sentiment qui dure deux ans. Après deux ans, les compromis commencent.

Claude entre dans la cuisine. Il retourne à sa sauce.

RÉMY

La vie est un compromis, Pierre. Moi ça fait quinze ans que je suis avec Louise, puis on a encore des moments extraordinaires. Toi, t'as pas d'enfant. C'est très différent. Moi, je veux pas en être réduit à voir mes enfants une fin de semaine sur deux. J'aime ça les voir tous les jours. *(À Claude.)* T'as bien chaud, toi?

CLAUDE

Je sais pas, c'est ma sauce qui finit pas par épaissir.

PIERRE

(Pendant qu'il verse du vin dans une carafe, en la tenant à hauteur de ses yeux.) Mais moi, j'ai divorcé pour des raisons physiques. Juste la peur du téléphone me rendait fou. Parce que quand t'as des aventures, les pauvres filles vont tomber amoureuses de toi. C'est fatal. Les plus folles vont te téléphoner chez vous un jour. Tu le sais. C'était rendu qu'à chaque fois que le téléphone sonnait, mon cœur arrêtait de battre une seconde. Ça fait dix ans de ça...

La musique est entrée en sourdine.

Appartement de Pierre.
Soir

Un coin d'appartement moderne. Pierre est assis dans un fauteuil. Il lit le *New York Review of Books*.

PIERRE (off)

Avec Danielle, y a pas de problème, mais quand le téléphone sonne, surtout le soir, j'ai encore une seconde de panique totale.

En gros plan, un téléphone moderne avec sonnerie moderne. Visage inquiet de Pierre qui lève les yeux de son magazine. Danielle répond.

DANIELLE

Allô?... Un instant s'il vous plaît.

Elle fait signe à Pierre que c'est pour lui.

PIERRE

(En se levant, tout bas.) Cest qui?

DANIELLE

Je sais pas, une femme.

Elle s'éloigne. Pierre prend le récepteur.

PIERRE

Allô?... Ah, bonjour maman... La jeune fille qui t'a répondu? C'est une étudiante.

Rassuré, il se détend.

Cuisine de la maison de Rémy en ville. Jour

Louise, en robe de chambre, s'approche de la table et verse du café à Rémy qui est assis, son journal devant lui. Puis elle s'assoit en face et ils terminent leur petit déjeuner. On entend les voix des enfants. Il y a du soleil dans la cour. Une image idyllique du bonheur conjugal.

LOUISE

Ah oui, y a une fille qui a téléphoné hier soir.

RÉMY

Ah?

LOUISE

Une Anglaise.

RÉMY

Ah oui?

LOUISE

J'avais de la difficulté à la comprendre.

RÉMY

Évidemment.

L'air faussement détaché, Rémy retourne à son journal.

LOUISE

Elle a dit qu'elle s'appelait Barbara.

RÉMY

Barbara?... Ah oui, Barbara, ça doit être la fille du colloque de San Diego.

LOUISE

Elle m'a dit de te donner un « *warm kiss* ».

RÉMY

Ah oui?... C'est une belle fille, ça, très gentille, très efficace pour l'organisation.

LOUISE

Ah... *(Elle sourit)*

Rémy la regarde un instant puis retourne à son journal.

Chalet de Rémy.
Cuisine. Jour

Rémy marche lentement devant les fenêtres et
se remémore. Musique.

RÉMY

Barbara Michalski! Elle avait fait son doctorat à
San Diego. Sur l'impact du travail des femmes
dans les familles chicanos. Une super intelligence.

Bureau de Rémy
à l'Université,
chalet de Rémy. Jour

Un bureau moderne, assez petit, bien éclairé,
avec des livres jusqu'au plafond. On voit d'abord
une photo polaroïd d'une femme assise devant
une tente dans le sable.

RÉMY (off)

C'est ça la séduction au fond. Ça n'a rien à voir avec
des gros seins ou des longues jambes. C'est dans la
tête. On a passé seulement huit jours ensemble.
On était descendus en camping dans Baja.

Retour au chalet de Rémy.

Moi, je connaissais rien en psycho. Alors le soir,
dans la tente, avant de faire l'amour, elle m'expli-

quait Ronald Laing, l'antipsychiatrie, toutes sortes de trucs comme ça.

> Retour au bureau de Rémy. Il tient deux photos de Barbara dans ses mains.

J'aurais pu l'écouter parler des nuits entières.

> On frappe. Louise entre dans le bureau. Rémy referme instantanément son dossier dans lequel il garde les deux photos de Barbara.

LOUISE

Hello Rémy!

> Il lui sourit.

LOUISE

Excuse-moi, je suis un peu en avance. Je te dérange?

RÉMY

Mais non, pas du tout.

> Elle s'assoit sur ses genoux, le prend par le cou. Il tente désespérément de ranger son dossier dans un classeur.

LOUISE

Qu'est-ce que tu faisais là? (*En tentant d'ouvrir le dossier qu'il tient à la main.*)

RÉMY

Je classais des dossiers.

> Il lui retire le dossier, et réussit à l'enfouir dans un classeur.

LOUISE

Qu'est-ce qu'il y a dans ce dossier-là?

RÉMY

Y a rien! C'est sur les factions chiites au Liban!

LOUISE

T'es sûr de ça là, toi? *(Elle rit.)*

RÉMY

Voyons, Loulou, tu me connais! *(Elle rit encore.)* Je suis limpide comme de l'eau de source, moi!

LOUISE

Transparent!

> Ils s'embrassent.

Chalet de Rémy.
Cuisine. Jour

Claude et Rémy au comptoir central. Musique de fond.

CLAUDE

Sais-tu ce qu'elle est devenue finalement?

RÉMY

Je sais pas. On s'est téléphoné pendant deux ans. Puis après, elle est disparue. Probablement mariée avec un Mexicain à la con. À toutes les fois que je passe à la bibliothèque, *(Il met des œufs entiers dans le robot culinaire.)* je regarde toujours dans les revues de psychologie, au cas où je verrais son nom. J'imagine que je la reverrai jamais. Je pense à elle souvent. C'est une tragédie.

Il dit cela en souriant. À moitié comique et à moitié très grave. Il met le robot en marche. Les ingrédients se mêlent.

Cuisine de ville de Rémy.
Jour

Louise et Rémy sont toujours assis à la table du petit déjeuner. Rémy a le regard vide.

LOUISE

À quoi tu penses?

RÉMY

Je pensais qu'on était heureux comme ça.

Ils se sourient tendrement. Ils mentent tous les deux.

Centre de conditionnement physique. Salle de musculation. Rue et maison de banlieue. Jour. Soir

Louise et Diane montent un escalier, en vêtements d'exercice. Elles tiennent chacune une serviette. Elles s'asseoient à des appareils.

LOUISE

Je suis pas complètement innocente: j'imagine bien que Rémy a eu des petites aventures de temps en temps, en voyage peut-être. Mais quand il est à la maison, il est tranquille. Puis la seule fois où il a pas été tranquille, j'étais avec lui, alors je suis pas inquiète.

DIANE

Comment ça?

Dominique apparaît, assise à un autre appareil. Elle a l'air sceptique.

LOUISE

Je sais pas si je devrais vous raconter ça. On avait entendu parler d'un médecin...

* * *

Une voiture, phares allumés, s'avance dans une rue de banlieue quelconque, assez riche, à la tombée de la nuit. La voiture stationne dans l'entrée de la maison. Les fenêtres de celle-ci sont illuminées. Il y a déjà plusieurs voitures.

LOUISE (off)

...un ami de collège de Rémy, qui faisait des soirées un peu spéciales. Il nous avait invités. Finalement, on est allés.

* * *

Retour à la salle d'exercices.

DIANE

Ah oui? C'était comment?

LOUISE

Il y avait une dizaine de couples... des professionnels surtout. Je sais qu'il y avait un psychiatre.

* * *

Retour à la maison de banlieue. La porte d'entrée s'ouvre, le couple est accueilli par un « bonsoir, nous vous attendions » de l'hôtesse. On ne voit personne de façon précise.

LOUISE (off)

Des gens entre trente et cinquante ans.

*   *   *

Retour à la salle d'exercices.

DIANE

Puis? Ça commence comment?

Le foyer de la caméra se fait alternativement sur les visages de Diane et de Louise pendant que celle-ci raconte. Diane retient un sourire.

LOUISE

C'était un peu bizarre... D'abord, ils ont attendu que tout le monde soit arrivé. Puis là, on est passé au sous-sol, c'était assez grand, tapis très épais, beaucoup de divans, beaucoup de coussins. Les lumières basses. Ils ont mis un film porno sur le vidéocassette. Et puis là, les gens ont commencé à danser un peu...

*   *   *

Plan d'une grande fenêtre de maison; derrière les rideaux, on devine des ombres qui dansent.

LOUISE (off)

En fait, c'était pas vraiment de la danse. C'était plutôt du pelotage vertical.

*   *   *

Retour à la salle d'exercices. Louise se lève, prend sa serviette, passe devant Danielle qui débouche en haut de l'escalier, et devant Dominique, qui change d'appareil. Louise prend sa place.

LOUISE

Puis assez rapidement tout le monde fait l'amour. Un peu partout. Dans les chambres, en haut...

DOMINIQUE

Toi aussi?

LOUISE

(Elle rit.) Oui... Mais avec juste un homme. J'ai pas été exactement ce qu'on peut appeler « *the life of the party* ». Rémy a été un peu plus actif, lui. Je l'ai vu avec au moins deux femmes.

DIANE

(Elle s'approche et passe devant Louise.) Mais toi, avec qui t'as baisé?

LOUISE

Je sais même pas. Finalement, c'est assez muet tout ça.

Elle pouffe de rire.

* * *

On la voit se diriger vers un autre appareil, la
serviette autour du cou.

LOUISE

Le plus drôle, c'est que l'homme qui me faisait
l'amour, il prenait son temps.

DOMINIQUE

C'est bien, ça!

LOUISE

Oui, sauf que sa femme à lui, je sais pas si elle était
tombée sur un éjaculateur précoce ou quoi...

Les quatre femmes rigolent.

* * *

Sous-sol de bungalow. Lumière tamisée. Thérèse, une jeune femme blonde, nue, s'approche
de son mari, Charles, qui est en train de faire
l'amour à Louise, étendue sur un tapis.

LOUISE (off)

Toujours est-il... que je la vois s'approcher.

La jeune femme se penche vers le couple, tape
sur l'épaule de l'homme. Celui-ci ne se retourne
pas.

THÉRÈSE

Charles...

CHARLES

Quoi?

THÉRÈSE

Charles!

CHARLES

Qu'est-ce qu'il y a?

THÉRÈSE

Tu trouves pas que tu commences à t'attarder un peu?

CHARLES

Thérèse, veux-tu s'il vous plaît?...

Yeux ronds, incrédules, amusés, de Louise, muette.

THÉRÈSE

Aboutis!

*   *   *

Visage de Louise dans le gymnase; elle éclate de rire.

LOUISE

Aboutis!

DIANE (off)

(Étranglée de rire.) C'est pas vrai!

Elles rient toutes.

LOUISE

Je vous jure!

Retour à la chambre dans la lumière tamisée.
Gros plan de Thérèse.

THÉRÈSE

Le trouvez-vous à votre goût?

CHARLES (off)

Thérèse!

LOUISE

(Incertaine.) Ah oui.

CHARLES

Ça s'en vient, là, Thérèse, ça s'en vient.

THÉRÈSE

(En se relevant.) Bien, je vous laisse. À tout à l'heure.

Retour à la salle d'exercices.

LOUISE

Mon gars s'est mis à s'activer comme un bon. Moi, je... je l'ai aidé du mieux que j'ai pu.

DOMINIQUE

T'as crié: encore! encore!

DIANE

Oui! oui!

> Plan de deux jeunes hommes à des appareils, qui sourient en entendant cette conversation. Les filles rient fort.

LOUISE

Disons que je me suis contentée de soupirs profonds. En tout cas, finalement, ça a marché: il a eu son petit orgasme et il est allé retrouver sa femme.

DIANE

(*En riant.*) Mais toi, as-tu joui?

> Retour à la chambre. Visage de Louise, les yeux fermés, sous l'épaule de l'homme. Il bouge un peu, émet quelques sons pendant qu'il jouit. Contrairement à ce qu'elle affirme, Louise paraît elle-même assez excitée.

LOUISE (off)

Mais non.

Retour au gymnase.

LOUISE

C'est un homme qui me connaissait pas. Et puis je suis pas comme toi, moi, Diane, je faisais ça surtout pour faire plaisir à Rémy.

DIANE

Comment ça, t'es pas comme moi?

LOUISE

Cette soirée-là, c'était une soirée... conjugale.

DIANE

Conjugale! *(Elle pouffe de rire dans sa serviette.)*

LOUISE

Non mais c'est vrai, c'était une histoire de couples. Il paraît que ces gens-là sont très fidèles dans la vie. Ils font tout à deux. Moi, j'ai pris ça comme une façon de se dire qu'on s'aime encore.

Chalet de Rémy.
Cuisine. Jour

Les quatre hommes vont et viennent dans la cuisine.

CLAUDE

(À Rémy.) Ça t'est jamais arrivé, avec ta femme, de faire des échanges de couples, des partouzes, des histoires comme ça?

RÉMY

Non! Moi, mon principe, c'est de jamais confondre la vie conjugale avec les histoires de cul. J'adore Louise, même quand je la trompe. Je sais très bien que c'est la personne avec qui je suis le mieux au monde.

Mario apparaît brusquement derrière Rémy, à travers la moustiquaire de la porte de la cuisine.

RÉMY

Oui?

MARIO

Diane est pas là?

RÉMY

Diane? Non, elle est pas arrivée encore.

Claude s'approche de Rémy.

MARIO

C'est où son chalet?

RÉMY

C'est celui-là, en arrière.

CLAUDE

Juste à côté du mien.

RÉMY

La porte doit être fermée. J'ai pas les clés.

MARIO

Je vais aller voir.

Mario s'éloigne vers le chalet de Diane; Claude le regarde aller.

CLAUDE

Oh! c'est pas laid ça.

RÉMY

C'est ton genre ça, hein?

CLAUDE

Je me ferais faire mal.

Chalet de Diane.
Jour

Mario se dirige lentement vers le chalet de Diane. Il sonde la porte. Il s'assoit sur les marches. Nerveux.

Chalet de Rémy.
Cuisine. Jour

Par la fenêtre, Claude regarde Mario assis devant le chalet de Diane.

CLAUDE

J'ai déjà été amoureux d'un gars comme ça. Ça a duré six mois. Il s'est tué. Un accident de moto. C'est après ça que j'ai commencé à draguer. Si j'étais capable, je draguerais tous les soirs.

PIERRE

C'est pas ça que tu fais?

CLAUDE

Je le fais moins maintenant. J'arrive pas à donner mes cours le lendemain.

draguer

Parc du Mont-Royal.
Tombée du jour

> On voit Claude, en t-shirt et pantalon de jogging, qui monte un escalier d'un pas de course souple. Il marche en regardant autour de lui.

CLAUDE (off)

Mais c'est vraiment juste quand je drague que je me sens en vie.

> Chants d'oiseaux. Un policier à cheval fait sa ronde. Il frôle Claude, qu'on sent un peu inquiet.

C'est effrayant comment je me sens quand je sors. Je suis vraiment fou.

> Retour à la cuisine. Claude raconte.

Je deviens électrisé.

RÉMY (off)

On connaît ça.

CLAUDE

Sauf que moi c'est dangereux. J'ai un de mes amis qui s'est fait poignarder dans sa douche. Mais c'est plus fort que moi. Il y a des soirs où il faut que je baise avec un gars. À la limite, n'importe qui.

RÉMY (off)

C'est ça, ça a pas d'importance.

Retour à Claude qui marche sur la montagne.

CLAUDE (off)

Comme un chat de ruelle qui rôde.

On voit ici des jeunes hommes adossés à des arbres qui le regardent passer. Gros plan de leurs visages. Claude tourne parfois lentement la tête vers l'un ou l'autre.

C'est incroyable la force de ça! Je me fais voler continuellement dans mon appartement. Les gars partent avec mes disques, mes bouteilles de vin, ma montre! Pourtant, je suis pas naturellement courageux physiquement.

Retour sur le visage de Claude dans la cuisine.

Mais quand ça me prend, je suis capable de partir en expédition, à quatre heures du matin, dans des saunas du centre-ville de Los Angeles...

Retour à la montagne. Un jeune homme suit Claude et le détaille de la tête aux pieds.

... dans des bars effrayants du quartier Saint-Paul à Hambourg.

On revient sur le visage de Claude dans la cuisine. Par la fenêtre derrière lui, on voit revenir Mario. Personne ne s'en aperçoit.

C'est pour ça que je vis seul. Tous les matins, je sais jamais comment la journée va finir. Même s'il s'est rien passé, la possibilité est là. Savoir qu'il faut que je rentre à six heures et demie parce que bobonne aura fait une soupe aux pois, moi, je meurs.

RÉMY (off)

Bobonne, ou bobon.

CLAUDE

C'est la même chose.

RÉMY

Moi, ce que j'aime, c'est de savoir que bobonne m'attend avec la soupe aux pois, mais de faire un petit détour avant de rentrer.

PIERRE

Moi, à chaque fois que je suis en amour je deviens monogame. Ça dure un certain temps, puis tout d'un coup la bête se réveille.

RÉMY

Moi, quand la bête est déchaînée, je deviens un danger public.

On voit Mario écouter la conversation à la porte du chalet.

C'est vrai, je te jure! Faudrait m'enfermer. Moi je me suis déjà arrêté dans un bordel...

> Rémy a ouvert la porte du réfrigérateur en parlant.

... en allant à un rendez-vous amoureux. Essaye d'expliquer ça à une femme. Ah, ciboire!

PIERRE

Quoi?

RÉMY

Il va nous manquer des œufs pour le dessert.

PIERRE

J'en ai, moi. Mais je les ai achetés au village: c'est des œufs en plastique aux hormones. J'ai pas eu le temps d'en acheter des vrais en ville.

CLAUDE (off)

Va les chercher, je vais m'arranger.

> Pierre tend à Rémy la poêle qu'il tenait dans ses mains.

PIERRE

Tiens.

> Pierre et Alain sortent et tombent nez à nez sur Mario.

PIERRE

La porte était fermée? *(Silence.)* Va falloir que tu l'attendes. Ça devrait pas être long.

> Pierre et Alain s'éloignent. Mario regarde la porte.

Près du chalet de Pierre. Jour

> Pierre et Alain marchent vers le chalet de Pierre.

ALAIN

Moi, je suis pas comme vous autres. J'ai pas envie de baiser une nouvelle fille à tous les jours.

PIERRE

J'étais pas comme ça à ton âge non plus. Toi, tu peux pas continuer indéfiniment à faire de la suppléance dans les écoles primaires et à corriger nos copies, il faut que tu fasses ton doctorat. Tu vas vouloir t'acheter un appartement en ville, peut-être une maison de campagne. Ça occupe ton esprit.

> Ils montent l'escalier du perron, on les voit de face. Puis ils continuent à parler en longeant la galerie.

PIERRE

Tu rêves peut-être d'écrire un livre important. Moi, je sais que je serai jamais Arnold Toynbee ni Fernand Braudel. Tout ce qui me reste c'est le sexe, ou l'amour. On fait jamais vraiment la différence. Au fond, je sais pas ce qui me reste. C'est pour ça que le vice vient avec l'âge.

ALAIN

Mais moi j'ai pas d'ambitions comme ça. Je voudrais juste être heureux un peu. C'est tout.

> Pierre regarde Alain avec un sourire énigmatique et triste.

Chalet de Rémy.
Cuisine. Jour

> Mario ouvre la porte moustiquaire et entre dans la cuisine.

MARIO

Je vas prendre un verre d'eau.

> Il s'avance vers l'évier.

CLAUDE

Veux-tu de l'eau minérale?

Mario regarde devant lui, enlève ses verres
fumés. Ses yeux bleus sont maquillés avec du
khôl.

MARIO

Pourquoi, ta champlure marche pas?

Pendant que Claude le détaille de la tête aux
pieds en souriant, Mario sort des cachets d'une
petite bouteille de plastique et il les avale avec
un verre d'eau.

CLAUDE

Tu prends des médicaments?

MARIO

Ouais, des remèdes. *(Il tourne les yeux vers
Claude.)* C'est ben fort.

CLAUDE

Moi je prends des multivitamines.

MARIO

Ça doit être bon pour toi, ça, hein?

Claude rit silencieusement. Mario finit son
verre d'eau.

MARIO

Bon, je vas aller faire un tour.

CLAUDE

T'attends pas Diane?

MARIO

Je reviendrai.

> Mario sort. Claude et Rémy le regardent s'éloigner.

Près du chalet de Rémy.
Jour

> Mario s'approche de sa jeep, y monte, démarre et s'éloigne sur la route.

Chalet de Pierre.
Jour

> Alain attend à l'extérieur. Il tourne la tête vers la route quand il entend passer la jeep de Mario. On entend la voix de Pierre à l'intérieur, puis il sort avec une douzaine d'œufs. Ils marchent sur la galerie.

PIERRE

C'est comme dans les derniers carnets de Wittgenstein: la seule certitude qui nous reste, c'est la capacité d'agir de notre corps. Si j'aime, je bande. Si je bande pas, j'aime pas. C'est la seule façon de pas se conter d'histoires. Comme les femmes qui te disent: « Je t'aime comme au premier jour » et qui sont sèches comme du papier sablé, alors que tu les as connues mouillées au dernier degré juste après les avoir embrassées dans le cou.

> La musique entre. Ils redescendent les marches du perron, et s'éloignent sur un gazon d'un vert absolu.

Salle de musculation. Jour

> La musique chevauche ces deux scènes. On voit les deux jeunes hommes de tout à l'heure passer près des quatre femmes. Ils tiennent leur carte d'évaluation physique à la main. On voit d'abord le visage de Diane. Elle est étendue, puis assise sur un appareil Nautilus. Elle les regarde passer, les détaille, jette un coup d'œil à leurs fesses que la caméra nous donne en gros plan alors qu'ils se penchent ensemble pour ranger leur carte. Ils sortent ensuite de la salle en montant l'escalier. Diane sourit. Elle a un air canaille.

DIANE

Quand j'étais encore avec Roger, il m'avait fait coucher avec son meilleur ami. Enfin, on avait couché tous les trois ensemble pendant six mois. Je vous conseille ça, moi, deux bouches, quatre mains...

Dominique passe derrière elle. Tout en parlant,
elle s'installe à plat ventre sur une planche
d'exercice.

DOMINIQUE

C'est pas si facile que ça à réussir. J'ai essayé à la
Martinique avec deux petits Noirs. Aussitôt qu'ils
ont ouvert la bouche, ç'a été la catastrophe. *(Elle
imite le parler petit-nègre.)* «Vous connaissez
vraiment pas la Martinique si vous n'avez pas
couché avec un Martiniquais.» *(Gros plan de
Diane qui rit.)* Et puis là ils me montraient leur
bracelet en or «offert par Madame le juge Thibo-
deau de la cour des sessions de la paix». Des
super-machos. C'est moi qui payais, et c'est eux qui
me disaient quoi faire. Tu sais, la femme blanche à
genoux devant la queue de l'éphèbe noir.

Pendant cette conversation, elles changent à
nouveau d'appareil.

DIANE

C'est pas votre genre, ça?

DOMINIQUE

Non, pas tout à fait, non.

DIANE

Dans les Noirs finalement, c'est les Africains qui
sont les meilleurs.

DOMINIQUE

Mustapha peut-être?

DIANE

Ah non, Mustapha, il était un peu pénible. Les hommes qui courent après moi la langue pendante... Ceci dit, en général les Africains sont... chaleureux. Évidemment, ils sont polygames, mais ça...

DOMINIQUE

Ah ça, faut se résigner.

LOUISE

Pourquoi vous dites ça?

Dominique a l'air embarrassé. Elle consulte Diane du regard. Celle-ci aussi est embarrassée.

Chambre de Dominique. Jour

Dominique et Rémy sont couchés dans le lit. Ils s'embrassent. Rémy ouvre les yeux et aperçoit un réveil sur la table de chevet.

RÉMY

Il est pas quatre heures et demie?

DOMINIQUE

Hein?

RÉMY

(Affolé.) Il est quatre heures et demie!

DOMINIQUE

Ah oui.

> Rémy bondit hors du lit et cherche désespérément ses vêtements.

RÉMY

Merde! J'ai donné rendez-vous à Louise à quatre heures à mon bureau! Merde! Faut aller acheter les cadeaux de Noël des enfants. *(Il s'habille à toute vitesse tout en parlant.)* Au centre d'achats Rockland! *(Il se cogne contre un meuble.)* Aïe! Où est ma chemise?

DOMINIQUE

(Amusée.) Dans le salon.

RÉMY

(Il sort de la chambre.) Merde, merde, merde.

> Dominique lève les yeux au ciel, sourit. Rémy rentre dans la chambre, toujours avec seulement une jambe du pantalon enfilée.

RÉMY

Où est mon chandail?

DOMINIQUE

Sur le divan.

RÉMY

Oh...

DOMINIQUE

Ton jonc, ta montre! *(En montrant la table de chevet.)*

RÉMY

Ah shit!

Il prend son jonc entre ses dents, sa montre dans une main et sort de la chambre à reculons, en hâte.

RÉMY

C'était génial! *(Il lui lance un baiser avec la main.)* À demain!

Dominique lui envoie un petit baiser de la main en souriant.

Centre de conditionnement physique. Jour

Dominique marche vers un autre appareil et s'y installe.

DOMINIQUE

Finalement, moi je reviens toujours aux Italiens. Ils sont insupportables, mais...

DIANE

(Passant derrière elle, à son oreille.) L'amore!

DOMINIQUE

Si, si, si!

DIANE

(Dans son autre oreille.) Si, si, si!

DOMINIQUE

(Elle rit.) Mes premiers voyages en Italie... je me faisais continuellement voler dans mes chambres d'hôtel. Les gars partaient avec mes bijoux, mon passeport, mes chèques de voyage, ma montre! Mais... y avait beaucoup d'*amore*!

DIANE

Au fond, ils sont comme les Mexicains, c'est des âmes simples qui crient *maman* quand ils jouissent.

DOMINIQUE

Oui, c'est ça! Moi, la première fois que ça m'est arrivé, puis qu'il s'est mis à crier: Mamma! Mamma! Mamma mia! je pensais que sa mère venait d'entrer dans la chambre. Je voulais me cacher en dessous du lit!

Elles rigolent toutes les deux.

Chalet de Rémy.
Cuisine et salle à manger.
Jour

Pierre cuit des crêpes dans un poêlon. Rémy circule entre la cuisine, où il prend de la vaisselle, et la salle à manger où il dresse la table. Claude pétrit une grosse boule de pâte.

RÉMY

(À Claude.) T'es sûr que t'as pas le SIDA? Les deux mains dans la pâte!

CLAUDE

(Regard sérieux, puis en blague.) Ah, je sais pas. La période d'incubation est de deux à cinq ans. Veux-tu me faire un test de salive? *(Il lui offre sa bouche.)*

RÉMY

Non! *(Il rit.)*

> Rémy s'enfuit dans l'autre partie de la cuisine, où Pierre se trouve. Alain s'approche. Il essuie une tasse avec un linge.

ALAIN

(À Claude.) Ça te fait jamais peur?

CLAUDE

Ça fait partie du plaisir. Puis de toute façon le sexe, ça rend malade. T'as déjà entendu des femmes parler de leur ventre? Les fibromes, les vaginites, les salpingites...

PIERRE

Le chlamydia, le spirochète.

RÉMY

(En faisant des grimaces devant Pierre.) L'herpès, le chancre mou!

CLAUDE

Quand je pense que vous vous trempez la queue là-dedans! Horreur!

RÉMY

La queue? La langue! *(Expression de dégoût de Claude. Rémy grimace.)* Le staphylocoque doré!

ALAIN (off)

Exagère pas. C'est dans la gorge, ça.

RÉMY

Mon pauvre enfant, ça peut sauter très vite de sa gorge à elle dans ton zizi à toi! Et puis ça, c'est bonjour à l'urétrite à staphylocoque...

PIERRE

(Il termine la phrase.) ... doré!

RÉMY

Oui monsieur. Ça, c'est l'hôpital tous les huit jours à jeun pendant des mois. Essaye d'expliquer ça à ta femme: tu fais plus l'amour, et une fois par semaine il faut que tu sois à ton bureau à sept heures le matin.

PIERRE

(En regardant les deux autres, comme pour expliquer.) À jeun!

RÉMY

Tu peux plus boire d'alcool parce que t'es sur les antibiotiques, sans parler des petites taches verdâtres dans tes draps que t'essaies de faire disparaître avec une débarbouillette pendant que ta femme est en train de prendre sa douche.

> Tout le monde rigole.

ALAIN

C'est quand même moins pire que le SIDA!

> Claude a un bref soupir sérieux, puis il continue à pétrir la pâte.

RÉMY

Faut toujours bien que l'homosexualité aie ses inconvénients, sans ça, ça serait le paradis sur terre! Regarde-les! *(Il indique Claude d'un mouvement de tête.)* Mieux habillés, plus cultivés...

PIERRE

Ils sont plus gais aussi, hein? *(Tous rient.)* Moi, ce qui me frappe, c'est leur humour.

RÉMY

Ils sont meilleurs cuisiniers. Regarde-le faire sa pâte. Moi, ça colle, je suis jamais capable.

CLAUDE

Oui mais moi, je vais aller en enfer...

RÉMY

Garde-moi une place!

PIERRE

Et ils ont des amis dans le monde entier! Moi,

quand un homme me dit: «J'étais chez des amis à Amsterdam», je suis sûr que c'est un homosexuel. Non, mais c'est vrai, moi mes amis sont mariés, ils ont des enfants, ils habitent des appartements trop petits. Et puis mes anciennes maîtresses sont toujours avec des hommes qui, vraiment, ne veulent pas me voir.

Rémy est tout près de Pierre.

RÉMY

Pire que ça, Pierre, ils sont plus beaux que nous autres! *(Moue dubitative de Pierre.)* Ça, c'est écœurant. Voici deux hétérosexuels classiques: *(Il amène Pierre avec lui près de Claude et d'Alain.)* un peu grassouillets *(il se pince la joue)*, le nez un peu long *(il pince le nez de Pierre qui hoche la tête)*, les peaux, euh...

CLAUDE

Ravinées!

RÉMY

La question est de savoir: est-ce qu'on se résigne à être hétérosexuel parce qu'on est pas assez beau, ou si on embellirait en devenant homosexuel? Grave question! Moi, je pense qu'un adolescent vraiment superbe, *(Pierre se désigne, Rémy le repousse, s'approche d'Alain et le prend par l'épaule. Gros plan de Rémy et d'Alain comme s'ils se regardaient dans un miroir.)* Il se regarde dans le miroir un moment donné, et il se dit: « C'est pas possible de gaspiller ça avec une femme! »

CLAUDE

C'est ça que je me dis!

RÉMY

Oui mais moi, c'est la moustache. *(Il revient vers Claude.)* Il me semble qu'embrasser une moustache...

> Claude et Rémy se regardent de près. Claude repousse Rémy d'une main sur son nez, puis il saisit le menton d'Alain.

CLAUDE

Il faut les prendre plus jeunes quand ils en ont pas encore!

> Alain lui donne un coup sur le visage avec son linge à vaisselle.

RÉMY

Oh, il est pire que moi! *(Riant.)* T'es bien vicieux!

CLAUDE

Non, mais je parle pas de ma vie sexuelle à moi. Non, sérieusement, je suis pas pédéraste. Mais esthétiquement là, y a rien de plus beau que les fesses d'un garçon de douze ans.

RÉMY

Ah?

Pendant cette réplique, Claude façonne la pâte
en forme de fesses, et tous viennent voir cela de
près.

CLAUDE

Ni la chapelle Sixtine, ni la Messe en si mineur.
C'est sublime, les fesses d'un garçon de douze ans.
Même les filles, à cet âge-là, c'est déjà mou. *(Il étire
la syllabe, en étirant sa pâte.)*

RÉMY

Tu me permettras de dire que c'est une question de
goût...

ALAIN

Y a un gars qui m'a déjà dit dans un bar de la
Nouvelle-Orléans: « *Honey, a hole is a hole* ».

CLAUDE

Ah, t'aurais dû me téléphoner, toi!

Rémy s'en va dans la salle à manger et leur parle
de là, en mettant le couvert.

RÉMY

C'est peut-être vrai, au fond, sans compter le plaisir de vivre avec quelqu'un qui est jamais mens-

trué! Chez nous, Louise se transforme en monstre à peu près quatre ou cinq jours par mois. L'hiver dernier, un dimanche après-midi, j'ai failli l'étrangler, je vous jure. Il fait une tempête épouvantable. Alors j'essaie de sortir mon auto pour aller chercher les journaux, je m'enfonce jusqu'aux essieux. Évidemment, je bloque la sortie de son auto à elle qui voulait aller prendre ses cours de tennis. *(Il parle avec de grands gestes, une assiette dans chaque main.)* Une scène épouvantable: « T'aurais dû me laisser sortir la première », « T'as jamais su conduire dans la neige », « T'es ridicule avec tes journaux ». Je veux dire, tu sais, faudrait que je disparaisse huit jours avant ses menstruations!

Salle de musculation. Jour

Louise marche à travers la pièce. Danielle est à un appareil, Diane note sa carte d'évaluation physique.

LOUISE

Évidemment, le dimanche matin le New York Times, c'est sacré, tempête de neige ou pas. Alors bien sûr, il se cale jusqu'aux poignées de portes. Moi, je peux pas sortir pour aller au tennis. C'était ma dernière chance de voir François avant un mois! Oh, j'étais bleue!

DIANE

François, c'est le prof de tennis, ça, hein?

LOUISE

Oui, il s'en allait en Ontario *(elle s'installe à un appareil)*, jouer des tournois ou je sais pas quoi. Oh, je grimpais dans les rideaux, tellement j'étais enragée. Puis le pire, dans ces cas-là, c'est que tu peux rien expliquer. C'est encore plus enrageant.

DOMINIQUE

Ça durait depuis combien de temps, cette histoire-là?

LOUISE

C'était pas une histoire. Il s'était rien passé du tout. Mais j'avais l'impression, ce dimanche-là, qu'il y avait quelque chose de possible. C'est pour ça que j'étais si enragée.

Courts de tennis.
Jour

Louise, en vêtements de tennis impeccables, travaille un mouvement. François est derrière elle, il la tient enlacée, ses mains sur le poignet de Louise, et il lui fait répéter le mouvement. Ils rient tous les deux. Musique.

LOUISE (off)

J'avais rien à me reprocher.

Salle de musculation.
Jour

LOUISE

Je savais pas exactement quand il reviendrait. Mais finalement, je me suis décidée: j'ai téléphoné. Je sais qu'on est jamais supposé faire ça, mais bon.

Elle change d'appareil et s'installe à côté de Dominique qui lui jette un regard.

LOUISE

C'est sa fille qui m'a répondu, il habite avec sa fille de quatorze ans. Je l'ai entendu, lui, demander à sa fille qui c'était, au téléphone. La petite fille a répondu: « Probablement une de tes maîtresses ». J'ai raccroché. Je suis plus jamais retournée au tennis. En fait, je suis retournée une fois.

*   *   *

Stationnement extérieur. Louise sort de sa voiture. François sort du Centre, tenant une jeune femme par l'épaule.

LOUISE (off)

Mais je suis restée dans le stationnement.

Retour à la salle de musculation.

LOUISE

Je l'ai vu, lui, sortir avec une fille. Une jeune.

Gros plan sur Dominique, pendant qu'elle travaille ses avant-bras.

DOMINIQUE

Quand même, toi, t'avais toujours Rémy. Quand tu vis seule, le pire, c'est que tu finis par t'habituer. Je veux dire: ta libido tombe à zéro. Tu peux être des mois sans jamais penser à ça. *(Elle change d'appareil.)* Puis tout d'un coup arrive un de tes anciens amants...

Chambre de Dominique. Nuit.

C'est la nuit. Dominique et Pierre sont couchés dans le lit. Pierre allume une cigarette. Dominique allume la lampe de chevet, se retourne. Il met ses lunettes.

DOMINIQUE (off)

... ou quelqu'un d'autre, comme ça, par hasard.

DOMINIQUE

Tu dors pas?

PIERRE

Non.

DOMINIQUE

Qu'est-ce qu'il y a?

PIERRE

Je pense que je vais aller dormir dans mon lit.

DOMINIQUE

Il neige dehors.

PIERRE

J'aime ça dormir tout seul.

DOMINIQUE

Moi aussi, mais pas tout le temps.

Pierre sourit, embrasse délicatement Dominique. Celle-ci cale son visage dans l'oreiller. Elle
est un peu triste.

DOMINIQUE (off)

Là tu te réveilles, et t'en veux encore.

*   *   *

Retour à la salle de musculation. Dominique,
debout à côté de Diane, debout elle aussi, chacune avec une serviette sur l'épaule.

DOMINIQUE

Sauf que lui, il a eu son bonbon et il est reparti ailleurs.

DIANE

En te laissant une gonorrhée asymptomatique.

DOMINIQUE

Ouais *(elle s'éponge le visage)*, c'est gentil, ça. Tout ça que pour avoir une grosse bête qui réchauffe ton lit de temps en temps.

Elles s'asseoient sur un appareil pour jaser.

DIANE

Ah, mais moi, la chaleur d'un ventre le dimanche matin, je serais prête à beaucoup de bassesses pour ça. Mais le plus fou, c'est que t'as pas vraiment besoin d'un homme en plus: moi, je couche avec ma fille. On se prend par le cou, on s'aime...

Louise vient s'asseoir près d'elles.

LOUISE

Elle a quel âge ta fille?

DIANE

Douze.

LOUISE

T'as pas peur... coucher avec elle, je sais pas... psychologiquement...

DIANE

(Hésitante.) Non.

LOUISE

Moi, pendant ma thérapie, après ma dépression, j'avais tout le temps peur d'être lesbienne.

DIANE

Pourquoi peur?

LOUISE

J'sais pas... As-tu déjà couché, toi, avec une femme?

DIANE

Quelques fois, ouais... *(Elle joue avec ses cheveux, légèrement embarrassée.)*

Louise se tourne vers Dominique.

LOUISE

Toi aussi, j'imagine?

DOMINIQUE

Oui, oui. *(Elle se détourne, s'éponge le visage.)*

LOUISE

Eh Seigneur! J'ai tellement toujours peur d'être anormale, moi!

Elle secoue la tête. Diane sourit, compréhensive.

Chalet de Rémy.
Cuisine. Jour

Claude pose la pâte sur le coulibiac. Il est aidé par Pierre. Rémy et Alain sont spectateurs.

ALAIN

Il me semble que ça va en faire beaucoup, non?

PIERRE

On enverra les restes à Mustapha, à Ouagadougou.

CLAUDE

Oui! Les gens du Sahel adorent le coulibiac.

RÉMY

Surtout avec de la sauce à la crème sûre! Et un Robert Mondavi.

ALAIN

Vous êtes écœurants!

RÉMY

Pas du tout, pas du tout! S'il y a quelqu'un qui se dévoue pour les nègres, c'est bien moi. J'étais personnellement avec Mustapha jeudi soir dernier sur la rue Saint-Laurent.

PIERRE

Il est parti quand, lui?

RÉMY

Le lendemain matin. C'était ça son problème. En deux mois, il avait pas réussi à baiser une Canadienne. Il avait la mine basse!

Rue Saint-Laurent. Nuit

Travelling sur la rue Saint-Laurent, un soir d'automne. Les affiches au néon. Les filles et les hommes qui déambulent. Rémy et Mustapha marchent sur le trottoir. Rémy porte un parapluie.

CLAUDE (off)

Tu veux dire qu'il avait beaucoup de mine dans son crayon.

Ils rigolent tous.

RÉMY (off)

Je sais pas si les étudiantes sont moins portées sur le Tiers-Monde que dans notre temps, bref, il a fallu que je l'emmène sur la rue Saint-Laurent. À un moment donné, on aperçoit une super fille blonde, plus grande que moi, tout habillée de soie rouge.

Kim, une grande fille blonde, en rouge, debout dans l'entrée éclairée d'un magasin d'appareils électroniques.

Mustapha s'en léchait les babines. Je suis allé négocier pour lui: je voulais pas le voir dilapider les fonds de l'Unesco.

Rémy s'approche de Kim, pendant que Mustapha attend sur le trottoir, souriant.

RÉMY

Bonjour mademoiselle. Je suis charmé de vous rencontrer. J'aimerais vous présenter un ami excessivement sympathique, un petit peu timide. C'est un historien, brillant, spécialiste de la culture Mossi. Vous pouvez considérer ça comme votre contribution au secours africain, comme si vous aviez chanté dans *We Are the World*. C'est... c'est l'idée générale.

KIM

(*Avec une grosse voix.*) Moi ça me fait rien, mais ton nègre risque d'avoir une grosse surprise.

Rémy comprend brusquement que Kim est un travesti.

RÉMY

Oh boy! Je pense que c'est pas tout à fait ça qu'on cherche!

KIM

J'aime autant te prévenir.

RÉMY

C'est très gentil. Très gentil. Bon... On va y aller, nous. Bonsoir, bonne chance.

KIM

Vous autres aussi.

Rémy rit. Il revient sur le trottoir.

RÉMY

Viens-t'en.

MUSTAPHA

Ben quoi?

RÉMY

Je t'expliquerai. Viens-t'en.

MUSTAPHA

Elle est raciste et je le savais.

RÉMY

Ah, t'es fatigant! Elle est pas raciste, elle est sexiste.

MUSTAPHA

Mais qu'est-ce qui s'est passé?

Rémy l'entraîne en riant. Ils marchent dans la rue.

RÉMY (off)

Finalement on a marché jusqu'au carré Saint-Louis, où on a trouvé deux petites brunes qui étaient parfaites. Au point que j'ai été obligé de monter moi aussi. Ça tombait bien, j'étais fatigué. Dans ce temps-là, moi, que j'aime les petites brunes! Les grandes blondes paresseuses...

Chalet de Rémy.
Cuisine. Jour

Le coulibiac est maintenant presque terminé. Claude va le mettre au four; il est suivi des trois autres, comme en procession.

RÉMY

... je trouve que ça demande trop d'énergie.

PIERRE

L'amour, c'est comme le piano. Il faut pratiquer. Moi, les meilleures amoureuses que j'ai eues, c'était toujours celles qui avaient le plus baisé. Toujours.

ALAIN

C'est toujours les petites brunes les meilleures?

RÉMY

Ah non! Ça dépend des circonstances: une grosse fille chaude pour l'hiver...

PIERRE

Une jeune fille fraîche pour l'été.

RÉMY

Une Française quand t'as le goût du champagne.

Il prend des verres à pied dans ses mains et les
leur montre en se retournant.

CLAUDE

Un beau grand jus d'orange de la Californie.

Rémy remet un verre, vide, à chacun, après
l'avoir humé comme une fleur ou un vin.

RÉMY

Et puis les odeurs! Humm... Les Juives, les Arabes
qui sentent le camphre! Les Vietnamiennes qui
sentent la fleur d'oranger. *(Il rit.)* Je m'excite.

ALAIN

C'est quand même pas obligé que ça soit des
professionnelles.

RÉMY

Ah non, mais autrement ça prend plus de temps.
Et t'es obligé de draguer, ça c'est épouvantable:
traîner dans des bars, payer des repas, danser dans
des discothèques!

ALAIN

T'aimes pas danser?

RÉMY

J'ai toujours eu horreur, mais alors, horreur de ça!
Les heures d'enfer que j'ai passées sur des pistes de
danse juste pour faire plaisir à des femmes!

Il commence à danser maladroitement. Pierre le rejoint. Ils dansent en échangeant leurs répliques.

PIERRE

Le pire, Rémy, le pire, c'est les conversations: « Moi aussi j'aime beaucoup les films de Woody Allen », « Avez-vous lu Shôgun? »

RÉMY

« Ah, j'adore Baryshnikov! »

CLAUDE

(Il les a rejoints) « Mais maintenant, c'est Patrick Dupond! »

RÉMY

« Les pluies acides, quel drame! »

PIERRE

« Les centrales nucléaires, quelle horreur! »

CLAUDE

« Le chômage chez les jeunes, quelle angoisse! »

RÉMY

« Qu'est-ce que tu penses du nouveau désordre amoureux, Sylvie, Nathalie, Julie, Sophie...? » Non mais tu sais, faut vraiment avoir envie de se mettre!

> Claude et Pierre se font face, se collent, avec des soupirs et des « oh yé ». Ils éclatent de rire et reprennent le travail. Alain verse du vin à Rémy.

RÉMY

Puis c'est pas tout: il faut la faire jouir! C'est pas de la tarte, ça, hein? D'abord trouver le clitoris.

CLAUDE

Ah, mon Dieu! *(Ton découragé.)*

RÉMY

Déjà ça, c'est une entreprise assez délicate merci, il y a même des cas où c'est pire que de chercher une chenille sur un damier. Ensuite, t'as dans la tête toutes les notes, appendices et chapitres de Masters and Johnson, le Rapport Hite, la controverse du *G spot*, Germaine Greer, Nancy Friday. Tu sais plus si tu dois employer tes doigts, ta langue, ta queue. Là tu la regardes du coin de l'œil, *(il joue ce qu'il dit, les yeux en coin, en s'agitant doucement)* puis tu te dis: « Ah, elle a l'air de... j'espère que... je me demande si... » L'enfer! Tu sais? L'enfer!

> Pierre rit en l'écoutant, l'encourage en hochant la tête, avec de temps en temps un « oui, oui ». Tout le monde rigole. Pendant cet échange, les hommes se sont versé un verre de vin blanc.

ALAIN

Il me semble que j'ai jamais eu de problème comme ça.

RÉMY

Tu penses ça, toi?

ALAIN

Ouais.

RÉMY

Bon, et bien viens avec moi dans mon bureau deux secondes.

> Rémy entraîne Alain, qui donne à Pierre la bouteille de vin qu'il tenait. Celui-ci sourit, puis boit une gorgée en les regardant s'éloigner.

Chalet de Rémy.
Son bureau. Jour

> On voit d'abord deux énormes insectes très différents l'un de l'autre, épinglés dans un cadre sur le mur. Puis la caméra recule pour montrer Alain et Rémy devant le cadre.

RÉMY

Les Hétéroptéryx de Bornéo. Pendant cent ans, les entomologistes ont cherché à trouver le mâle de celle-là et la femelle de celui-ci. Problème biologique majeur. Jusqu'au jour où on les a découverts en train de baiser ensemble. Ces deux-là. C'était le mâle de cette femelle-là.

ALAIN

Pourtant, ça se peut presque pas. Ça, c'est un reptile, et ça c'est un insecte?

RÉMY

Hum *(approbateur)*. Mais ils ont une chose en commun.

ALAIN

C'est quoi?

RÉMY

Le cul. Pense à ça comme il faut, hein?

Gros plan sur le cadre.

Chalet de Rémy. Bibliothèque. Jour

Alain, de dos, penché, en chandail et caleçon, enfile son pantalon. Claude entre dans la pièce, la tête penchée sur son poignet; il rattache sa montre. Il relève la tête, voit Alain, le regarde une seconde. Celui-ci se retourne brusquement.

CLAUDE

Excuse-moi.

Et il sort. Alain continue d'enfiler son pantalon. Mix avec voix de Dominique à la scène suivante.

DOMINIQUE (off)

Il y avait personne sur les plages de la Sicile à ce moment-là.

Centre de conditionnement physique. Douches, sauna, bain tourbillon. Jour

Dominique, enveloppée d'une serviette de bain, passe devant Danielle, qui tient le rideau de douche devant elle, puis devant Louise qui s'essuie dans sa cabine de douche. Elle entre dans le sauna où Diane est déjà étendue, enroulée dans sa serviette, et où Danielle et Louise viendront les rejoindre.

DOMINIQUE

Lui avait son uniforme de carabinier. Il mourait de chaleur!

LOUISE

C'était un policier?

DOMINIQUE

Ouais, une sorte de. *(Elle entre dans le sauna.)* Alors je rentre, j'enlève mon t-shirt, mes shorts,

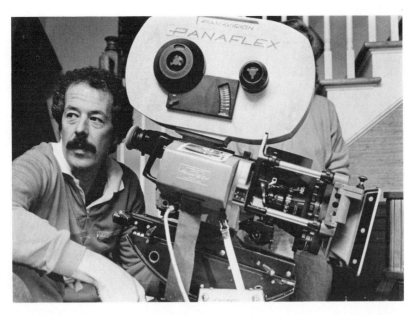

Denys Arcand

... pendant le tournage

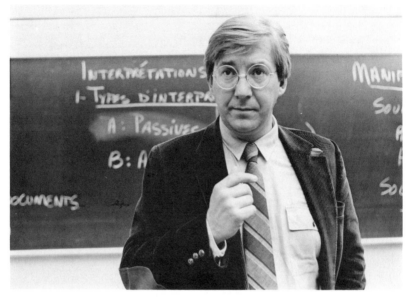

L'histoire n'est pas une science morale.

... par exemple, le mariage...

... c'était une histoire de couples.

Moi, j'en reviens toujours aux Italiens.

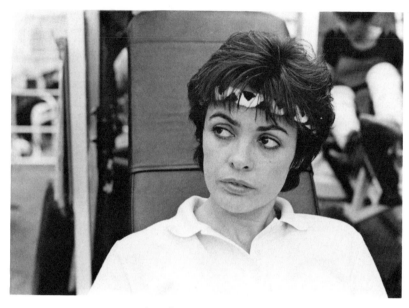

... c'est de moi que j'ai peur.

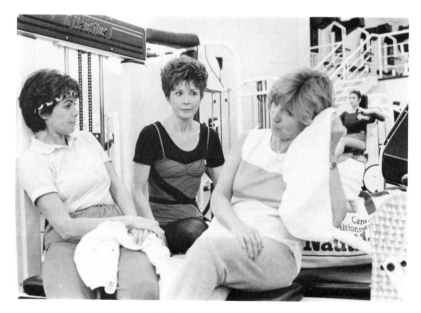

Quelques fois, ouais...

Je vous mens pas! Comme un bébé!

C'est la comparaison qui m'excite.

Comme un chat de ruelle qui rôde.

J'aimerais vous présenter un ami.

Je reviendrai.

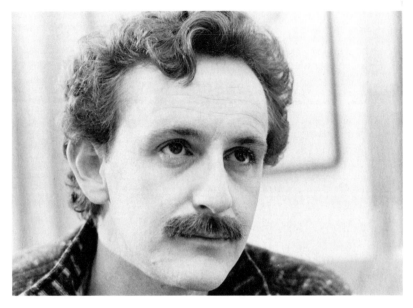

J'ai toujours eu envie d'avoir un enfant.

... j'aime pas le poisson.

Veux-tu, je vais te décrire un fantasme féminin?

Moi je pense qu'ils sont surtout condescendants.

Est-ce que tu me prendrais dans tes bras, s'il vous plaît?

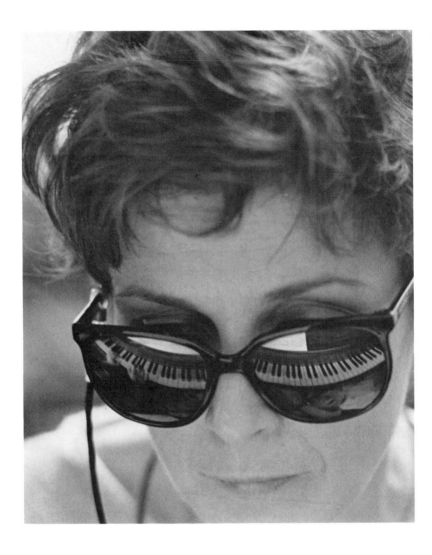

lui il commence à se déboutonner. Déboutonne, déboutonne, déboutonne. *(Diane pouffe de rire, Dominique aussi.)* Je te dis, il arrivait plus à se déboutonner!

DIANE

C'est toujours dans ce temps-là qu'ils s'énervent.

DOMINIQUE

Oui. *(Elles rient.)* Oh, il était vraiment super costaud, tu sais, les épaules comme ça.

DIANE

Humm...

DOMINIQUE

Finalement, il enlève son slip...

DIANE

Le coup d'œil fatal!

DOMINIQUE

(Elle fait oui de la tête gravement.) Oui. Un pénis minuscule!

DIANE

Hon!... *(Elle se met à rire.)*

DOMINIQUE

Je vous mens pas! Comme un bébé!

LOUISE

(Qui vient d'entrer.) Pauvre homme!

DOMINIQUE

Alors, je sais pas si c'est le vin blanc ou le bizarre de la situation d'être là avec un policier sicilien, je suis partie à rire, tu sais, un fou rire incontrôlable. Je pleurais tellement je riais.

LOUISE

Puis lui?

DOMINIQUE

Évidemment, ç'a été catastrophique. Le pire, c'est que je voulais pas être méchante avec lui, il était plutôt attendrissant. Mais ça s'est fini dans un fiasco épouvantable. Je lui ai même fait mon grand numéro de la pieuvre aux mille ventouses!

Elles rient.

LOUISE

Aux mille ventouses?

DOMINIQUE

Bien... mettons cinq cents.

Fou rire général.

* * *

Dans le bain tourbillon, les quatre femmes sont
dans l'eau jusqu'au cou. Les rires continuent.

DIANE

Quand le pénis est menacé, y a rien à faire. C'est
pour ça qu'ils en font une maladie. Bander, déban-
der, les grosses queues, dis-moi que la mienne est
plus grosse que la sienne, dis-moi donc que j'en ai
une grosse. C'est vraiment l'obsession fonda-
mentale.

DANIELLE

Ah, c'est vrai que ça les obsède: on se fait demander ça tout le temps.

LOUISE

Ça t'est arrivé souvent?

DANIELLE

Ouais, des fois... *(Elle est mal à l'aise.)*

DOMINIQUE

Remarquez qu'ils ont raison de s'inquiéter. C'est
quand même assez fondamental.

LOUISE

Mais ça n'a aucune importance. Quand on aime quelqu'un, c'est un détail, ça.

> Hochement de tête sceptique de Dominique.

DIANE

C'est un gros détail, quand même.

DANIELLE

Je vais aller dans la piscine un peu avant de partir.

> Danielle se dirige vers le bord du bain tourbillon.

LOUISE

Vous l'avez choquée là, pauvre enfant!

DANIELLE

Non, l'eau est trop chaude à mon goût.

> Danielle sort.

DIANE

Ce qui est fatal aussi, c'est de parler d'un de tes anciens amants et de dire: « Ah, Benoît, lui il me faisait jouir! »; regarde le gars à côté de toi, il fond comme une petite tache de graisse.

> Dominique et Danielle passeront souvent l'une en face de l'autre en échangeant ces répliques.

DOMINIQUE

C'est vrai.

LOUISE

Tu peux pas dire ça à un homme!

DIANE

Mais même sans être précise. Tu passes devant un hôtel: « Ah tiens, c'est ici que je suis venue avec Benoît ». Guette le gars du coin de l'œil: il devient vert de jalousie.

DOMINIQUE

Ah oui, c'est quand il te dit: « Avant moi tu savais pas ce que c'était que faire l'amour ».

DIANE

Ah ça, je peux pas supporter!

DOMINIQUE

C'est là que c'est le temps de parler de Benoît. Là tu dis: « Toi mon chéri, je t'aime, c'est pas pareil. Avec Benoît, c'était... uniquement sexuel ». Là, tu le sens en dedans qui devient comme de la gélatine.

DIANE

Ah oui! Le pire, c'est quand il sent que tu lui donnes une note, là... tu sais, du genre... guide... gastronomique.

DOMINIQUE

Oui!

Regard scandalisé et amusé de Louise.

DIANE

« Ambiance un peu morne, les... les portions manquent de générosité. »

Elles rient toutes les deux.

*   *   *

Dans la piscine. Musique. Danielle est dans l'eau, au bord de la piscine, souriante. Le plongeur sous-marin est devant elle, son masque sur le front. Ils parlent, rient, on n'entend pas ce qu'ils disent, mais ils ont l'air d'échanger des plaisanteries. Danielle lui lance de l'eau. Ils continuent leur conversation.

*   *   *

Retour au bain tourbillon. Louise rit.

DIANE

Ou bien tu lui donnes une note genre guide... touristique.

DOMINIQUE

Oui!

DIANE

Euh... « Vieux moulin restauré, mais la meule est uniquement décorative. »

Éclats de rire.

DOMINIQUE

« Jardin bien aménagé mais... la fontaine est en panne. » *(Rires.)*

DIANE

« Château imposant mais la tour est en ruines »... Ou bien s'il a quarante ans, tu lui parles avec nostalgie des petits jeunes hommes qui se réveillent bandés tous les matins!

Elles rient.

DIANE

Ou, ou tu te masturbes tranquillement, après qu'il a fini son « petit » numéro. Ça, ça les inquiète toujours beaucoup.

LOUISE

Vous êtes épouvantables!

DIANE

Ah, ma fille, j'ai déjà fait bien pire que ça.

* * *

Dans la salle de bains du centre, elles se maquillent, se coiffent. Elles sont enroulées dans des serviettes.

DIANE

Tu vois, moi, j'ai été dix ans avec Roger. C'est incroyable tout ce que j'ai été capable d'endurer pendant ce temps-là. J'étais continuellement toute seule avec les enfants. Lui, il sortait tout le temps. Il me trompait. Enfin bref, l'horreur. Moi j'étais à la maison, souriante, généreuse, fidèle. Jusqu'au jour où j'en ai eu assez. Et tout d'un coup... *(Elle claque des doigts.)*

Une chambre de motel.
Soir

Diane finit de composer un numéro sur le téléphone de la table de chevet. Elle est sous les draps, on sent une présence masculine près d'elle.

DIANE (off)

...le fil s'est cassé.

DIANE

Allô, Roger? Je suis à Brossard. *(Elle regarde le porte-clé qu'elle tient à la main.)* Chambre 216 du Motel Continental. Je suis avec un ami, là, puis finalement c'est très excitant, alors je vais passer la nuit ici. Alors je t'appelle pour pas que tu t'inquiètes. On se verra demain, ok? Bonsoir, bonne nuit. Je t'embrasse. *(Elle raccroche.)*

On découvre Rémy, horrifié.

RÉMY

Sacrifice! T'es folle!

DIANE

Ça va lui donner une bonne petite leçon.

RÉMY

Mais il peut arriver ici n'importe quand!

> Il se lève, affolé, s'habille à toute vitesse, comme dans la scène avec Dominique.

DIANE

Pas de danger.

RÉMY

Pas de danger, pas de danger!... Il est large comme ça, Roger! *(Indiquant la largeur d'une armoire à glace.)*

DIANE

Puis? *(Elle sourit.)*

RÉMY

Puis... je suis pas entraîné, moi, j'ai pas fait de la boxe comme lui!

DIANE

As-tu peur?

RÉMY

Non! C'est pour toi! De toute façon, moi, je peux pas passer la nuit ici. Faut que j'aille coucher chez moi.

DIANE

Il le sait pas, ça, lui.

RÉMY

C'est un violent!

DIANE

Je le sais! *(Elle éclate de rire.)* Il a déjà cassé le nez d'Yvon Rivard.

RÉMY

(Incrédule.) T'as couché avec Yvon Rivard, toi?

DIANE

Oublie pas ton jonc, puis ta montre!

> Elle indique du doigt la table de chevet, à sa gauche, comme Dominique l'a fait. Rémy rampe en hâte sur le lit, prend son jonc et sa montre. Diane l'arrête et l'embrasse.

Chalet de Rémy.
Perron. Jour

Les hommes sont assis sur la galerie et prennent un verre.

RÉMY

Moi, j'ai remarqué une chose: je baise toujours mieux ma femme après l'avoir trompée.

PIERRE

C'est la culpabilité ça.

RÉMY

Non, c'est physique. C'est la comparaison qui m'excite.

CLAUDE

L'appétit vient en mangeant. Plus tu baises, plus t'as envie de baiser. Ça, c'est fatal.

RÉMY

Moi, il me semble que, pour être heureux, il me faudrait quatre femmes. Exactement quatre, comme dans la prescription du Coran. Je suis parfaitement heureux avec Louise, mais je prendrais en plus un écrivain genre Suzan Sontag, une sauteuse en hauteur de l'équipe olympique, et une super cochonne pour faire de l'animation de groupe. Avec ça, je serais probablement fidèle!

> Musique. Tous tournent la tête et la BMW de Dominique vient s'arrêter près du chalet. Les quatre femmes descendent. Il y a une seconde de silence et d'immobilité, comme dans un western avant un duel. Gros plan des huit personnages. Puis ils se rapprochent et s'embrassent tous. La scène est joyeuse et pleine d'affection.

Chalet de Rémy.
Salle à manger. Soir

> Gros plan sur le coulibiac, porté fièrement par Claude, qui entre dans la salle à manger.

CLAUDE

Taram!

> Tous ont des exclamations d'appétit. Claude pose le plat devant lui au bout de la table et s'apprête à faire le service.

DIANE (off)

Ah ça c'est bon, c'est un péché mortel!

LOUISE

Faut pas trop compter les calories! Moi qui ai déjà pris un kilo la semaine dernière...

DOMINIQUE

C'est dommage que Mustapha soit parti, il se serait régalé!

ALAIN

Il paraît qu'il a emporté des beaux souvenirs.

DOMINIQUE

Quels souvenirs?

> Alain regarde Rémy et Pierre, qui ont un air embarrassé et entendu. Pierre se râcle la gorge. Alain a enfreint la loi du silence de la solidarité masculine. Il s'en rend compte et essaie de se reprendre.

ALAIN

Je sais pas. J'imagine qu'il a dû aimer son séjour.

LOUISE

C'est quoi, la sauce, Claude?

CLAUDE

C'est une mousseline, mais je remplace la crème fraîche par de la crème sûre.

LOUISE

Ah oui?

CLAUDE

Je sais pas, il me semble que ça fait plus russe.

LOUISE

Il paraît qu'il y a un cours de cuisine créative à l'Institut d'hôtellerie...

RÉMY

Ah non, Loulou, tu vas pas te remettre à suivre des cours!

LOUISE

Pourquoi pas?

RÉMY

C'est quoi la manie des femmes de toujours vouloir suivre des cours de quelque chose?

DIANE

C'est pourtant pas difficile à comprendre.

RÉMY

On voit ça le soir à l'Université: c'est plein de femmes qui prennent des notes comme des forcenées sur l'esprit de Locarno.

DIANE

C'est moi qui donne ces cours-là.

RÉMY

Je le sais, mais je comprends pas.

DIANE (off)

Et c'est la raison d'ailleurs pour laquelle...

Salle de cours
de l'Université. Soir

> Diane est au milieu d'une classe. Elle est habil-
> lée en tailleur, elle porte ses lunettes. Beaucoup
> de femmes dans la salle prennent des notes,
> attentives.

DIANE

... on reproche souvent à l'histoire de s'intéresser uniquement aux vainqueurs. Mais au fond la plupart du temps, c'est souvent pour des raisons de documentation. Voyez-vous, on possède plus de documents sur les Égyptiens que sur les Nubiens, beaucoup plus de documents sur les Espagnols que sur les Mayas, et bien sûr beaucoup plus de documents sur les hommes que sur les femmes. Et d'ailleurs c'est une limite très certaine de l'histoire. Mais il y a peut-être un élément psychologique: c'est qu'au fond on aime beaucoup mieux entendre parler des vainqueurs que des vaincus.

Salle à manger de Rémy. Soir

RÉMY

Je veux pas parler de la qualité de tes cours. Mais j'ai souvent l'impression qu'il y a plein de femmes qui veulent apprendre l'allemand, la guitare.

PIERRE

La danse à claquettes.

CLAUDE

Le shiatsu.

ALAIN

L'intégration primale. *(Dominique lui lance un regard froid.)* Je disais ça comme ça...

DIANE

Pour moi, c'est évident tout ça.

RÉMY

Je vois pas ce qu'il y a d'évident là-dedans! À part le besoin maladif d'avoir des professeurs, des médecins, des gurus.

DIANE

Mais ça n'a rien à voir avec ça, voyons! C'est juste

une façon d'essayer de s'en sortir, c'est tout! Tu
peux pas comprendre, toi, t'as eu ton doctorat à
vingt-six ans!

LOUISE (off)

C'est vrai, ça!

DIANE

Mais rappelle-toi quand on était étudiants, moi
j'étais aussi intelligente que tous vous autres.

Sourire entendu de Pierre, qui replace ses
lunettes.

DIANE

Sauf qu'après ma licence, moi je suis tombée en
amour, comme une vraie femme. Alors, pendant
que toi t'étais à Berkeley, et Pierre à Princeton...

CLAUDE (off)

Tiens.

Diane passe une assiette pleine.

DIANE

... moi, je suis allée me renfermer à la campagne
parce que Roger, mon beau Roger, vivait son
retour à la terre.

PIERRE

(Prenant l'assiette qu'on lui passe.) Pourtant, t'avais l'air épanouie?

DIANE

Ah, j'ai été épanouie! J'ai eu deux enfants. Sauf qu'au lieu de pondérer des courbes démographiques, moi j'apprenais à faire de la confiture de gadelles. Alors résultat: aujourd'hui, je peux pas être autre chose que chargée de cours au cinquième de votre salaire, sans sécurité d'emploi. Je suis pas protégée, moi, par la meilleure convention collective en Amérique du Nord. J'ai pas le droit, moi, à des années sabbatiques au Brésil! Hein, Pierre?

PIERRE

(Sourire à la fois cynique et compréhensif.) Mais non!

DIANE

Moi, je suis obligée de faire des interviews à la radio si je veux envoyer mes enfants à l'école privée. J'aurai jamais l'agrégation, moi. *(L'émotion la gagne.)* Puis je sens que je vieillis.

Dominique et Alain regardent Diane, attentifs.

DIANE

C'est vrai! je suis... je suis plus capable de prendre des notes en lisant pendant cinq heures d'affilée...

J'ai la mémoire qui s'en va aussi. *(Ses yeux se remplissent de larmes. Elle rit.)* L'autre jour, il fallait que je fasse référence au pacte Briand-Kellog. J'arrivais pas à me souvenir de Briand. J'avais juste Kellogg dans la tête. Juste des noms de céréales! *(Elle éclate de rire, presque en pleurant.)* Les Corn Flakes Kellogg!

> Elle appuie son front sur ses mains. Un moment de silence.

RÉMY

C'est pas l'âge, c'est la drogue. *(Il l'embrasse sur la tempe, lui murmure à l'oreille.)* T'es juste une vieille hippie. *(Elle rit.)* Je suis sûr que tu te souviens de Souvannah Phouma?

DIANE

Souvannouphong!

RÉMY

Et? Et?

DIANE ET TOUS SAUF LOUISE

Phoumi Nosavan!

> Ils rient.

LOUISE

C'est quoi ça?

PIERRE

Les deux demi-frères et le cousin, chefs des factions laotiennes. L'horreur des examens d'histoire contemporaine. *(À Danielle qui sourit.)* C'était encore pire que la question du Schleswig-Holstein.

LOUISE

(À Diane.) Non mais, Diane, tu sais, au fond, on sait jamais quelle sorte de vie on devrait vivre. Tes deux enfants t'ont peut-être empêchée de faire ton doctorat, par contre ils sont à toi, ces enfants-là, c'est une richesse.

Gros plan de Rémy et Diane qui regardent Louise parler, le regard vide, ou qui dirait: « richesse mon œil! ».

Chambre de Diane.
Soir

Diane et Rémy sont en train de faire l'amour. Tout à coup, on entend la voix de Nathalie. La petite fille apparaît brusquement dans la porte de la chambre.

NATHALIE

Maman!

Rémy se détache brusquement de Diane. Elle se couvre d'un drap, tandis que Nathalie s'approche du lit.

NATHALIE

C'est qui, lui?

DIANE

C'est un ami de maman.

NATHALIE

Qu'est-ce qu'il fait dans ton lit?

DIANE

Il dort avec maman.

NATHALIE

Je veux qu'il s'en aille! Je veux qu'il s'en aille! *(Elle est presque hystérique.)*

> Diane lui met une main sur la joue, puis se tourne vers Rémy.

RÉMY

Je m'en vais, là, je m'en vais.

Salle à manger de Rémy. Soir

CLAUDE

Moi, j'ai toujours eu envie d'avoir un enfant.

LOUISE

Ah oui?

CLAUDE

Oui. Il me semble qu'un enfant c'est la vie. L'affirmation de la vie. Il y a deux ans, j'ai fait des démarches pour adopter un enfant cambodgien. Évidemment, il y a eu une enquête des services sociaux, alors...

LOUISE

(Elle hoche la tête, puis continue.) Puis c'est peut-être mieux de vieillir avec deux enfants qui t'aiment que de finir tes jours comme Pierre, tout seul, aigri, abandonné, sans famille.

PIERRE

Mais j'en ai une famille, elle est ici, autour de la table. C'est une famille que j'aime, et qui est beaucoup plus proche de moi que mon frère qui est courtier d'assurances ou même que mes parents qui ont jamais réussi à comprendre exactement ce que je fais dans la vie, et qui chialent tout le temps parce que je vais pas à la messe... C'est vous autres ma famille...

> Il est interrompu par des coups frappés à la porte.

> LOUISE (off)

Mon Dieu, qu'est-ce que c'est, Rémy?

Rémy se lève, interroge Pierre du regard et va à la porte.

LOUISE (off)

On... attend personne?

RÉMY (off)

Ah, bonjour. Diane, quelqu'un pour toi.

Diane se lève, ôte ses lunettes. Elle semble surprise, pas particulièrement enchantée.

RÉMY

Un gars qui est déjà venu cet après-midi.

Diane va à la porte, elle sort. On aperçoit Mario, à l'extérieur.

DOMINIQUE

(À Pierre.) En fait, moi non plus je vois jamais personne en dehors de la faculté. Je suis comme toi.

Elle sourit à Claude qui lui rend son sourire.

Diane entre avec Mario. Elle le tient par la main et l'entraîne vers la table.

DIANE

Fais-moi plaisir, enlève tes lunettes. Euh, Mario, je pense que t'as pas encore rencontré Dominique, Louise, et...

LOUISE

Bonjour Mario.

DIANE

... et Danielle.

Tous le saluent poliment. Mario enlève ses lunettes, ne dit rien.

DANIELLE

Salut.

CLAUDE

(Se lève.) On va te faire une place.

Louise, Dominique et les autres regardent Mario. Claude revient avec une chaise et un couvert. Il installe Mario au coin de la table entre Diane et lui.

CLAUDE

Tiens... *(Mario s'assoit.)* Tu vas prendre une tranche de coulibiac?

MARIO

De quoi?

CLAUDE

C'est un... un pâté au saumon, mais je remplace le saumon par des truites.

DIANE

Tu vas voir, c'est très bon. C'est une recette russe.

MARIO

Non, non, j'aime pas le poisson.

CLAUDE

Un fromage peut-être? J'ai du Stilton.

MARIO

Non, non, j'ai pas faim.

DIANE

Mais t'as pas mangé!

CLAUDE

Prends un peu de vin au moins!

MARIO

T'as pas de la bière?

CLAUDE

Oui!... attends.

> Il se lève et va vers la cuisine. Silence gêné.
> Rémy rit dans sa barbe.

LOUISE

Est-ce que vous habitez la région?

MARIO

C'est à moé que tu parles?

LOUISE

Vous habitez dans la région?

MARIO

Non.

> Rire gêné de Louise. Claude revient de la cuisine et verse pour Mario un demi-verre de Pilsner Urquell. Il dépose le verre et la bouteille sur la table. Le malaise est à son comble.

PIERRE

(À Louise.) D'ailleurs, quand tu dis que je vais vieillir seul, c'est peut-être pas vrai. Je vieillirai peut-être pas. Le cancer du poumon, la crise cardiaque. Ce sont les femmes qui vivent vieilles, pas les hommes.

> Mario boit le demi-verre de bière d'un trait. Claude ne le quitte pas des yeux. Il prend une gorgée de vin.

ALAIN

Ça a pas tendance à s'égaliser maintenant?

DOMINIQUE

Non, c'est le contraire. L'espérance de vie des femmes est rendue à soixante-dix-huit ans, les hommes sont à soixante-dix. L'écart augmente un peu chaque année. C'est ça au fond, le changement auquel on ne s'habitue pas. Il y a à peine deux siècles, les femmes mouraient à... trente-six ans en moyenne? C'est pas long à vivre, trente-six ans.

CLAUDE

Ouais, c'est vrai que quand tu regardes les textes, c'est toujours rempli de veufs, de veuves, d'orphelins, d'enfants du deuxième lit. Tout ça a complètement disparu en un siècle. C'est incroyable.

MARIO

Elle goûte drôle cette bière-là, hein?

CLAUDE

C'est... c'est la Pilsner originale!

MARIO

T'aimes ça, toé?

CLAUDE

Oui, de temps en temps.

Un silence.

PIERRE

Il suffit simplement de penser que la durée moyenne des mariages, c'était quinze ans.

LOUISE

Ça fait quinze ans, nous, qu'on est mariés. *(Sourire de Rémy.)*

PIERRE

Il y a cinq générations, ça serait la fin maintenant. Il y en a un des deux qui mourrait probablement.

LOUISE

Hum! *(Ton et expression incrédules.)*

DOMINIQUE

T'as jamais pensé à écrire là-dessus?

PIERRE

Il se publie dans le monde dix-sept mille articles scientifiques tous les jours... Un de plus ou un de moins...

MARIO

(À Diane.) Ouais, c'est assez, je vais t'attendre dehors.

DIANE

On a pas fini de manger!

MARIO

Il se passe rien ici.

DIANE

On est entre amis, on discute...

> Elle est embarrassée. Elle sourit timidement à
> la ronde.

LOUISE

Des intellectuels, ça parle.

MARIO

C'est rien que ça que vous faites, parler! Après-midi, les gars ont passé leur temps à parler de cul. *(Le sourire de Louise se fige.)* Je pensais arriver dans une orgie. Ben non, le gros fun, c'est une tarte au poisson. *(Rire gêné de Louise.)*

DOMINIQUE

Qu'est-ce que tu nous suggères?

MARIO

Elle, quand a me fait bander *(indiquant Diane)*, je la fourre. Je me pose pas de question. Qu'est-ce que tu penses de ça, toi?

DIANE

Mario, s'il vous plaît!

MARIO

Il caresse la nuque de Diane, de plus en plus fort.)
Ça vous tenterait pas, là, tout de suite, là?

DIANE

Mario! Mario!

MARIO

(Soupir découragé, lui lâche la nuque.) Je vais
t'attendre dehors.

> Il se lève et sort. Un long silence. La caméra
> montre les différents visages: Diane mal à
> l'aise, Danielle sérieuse, Pierre songeur, Rémy
> amusé qui regarde Diane. Celle-ci se décide
> enfin.

DIANE

(Avec un petit sourire.) Écoute Claude, c'était très
bon mais j'ai pas tellement faim. *(Elle se lève.)*
Excusez-moi.

> Elle sort.

LOUISE

Je pensais pas qu'elle était rendue là.

Entre les chalets.
Soir

Le jour tombe. Diane marche, pressée, vers son chalet. Mario, qui s'était caché, se met à la suivre. Elle le cherche des yeux. Il se jette sur elle par en arrière. Il l'emprisonne dans ses bras et la mord dans le cou. Diane s'abandonne.

Sur la route
près des chalets.
Soir

Coucher de soleil flamboyant sur le lac. Images de sous-bois. Les personnages (sauf Diane et Mario) marchent deux par deux, lentement, en changeant de place quelques fois dans la file. On entend d'abord la musique, puis la voix de Dominique.

DOMINIQUE

Des fois, je me dis qu'on devrait faire confiance seulement aux gens qui parlent d'eux-mêmes. Uniquement. Le pape devrait pas avoir le droit de parler d'autre chose que de la masturbation et des troubles de la prostate. C'est tout ce qu'il connaît.

RÉMY

Il connaît les banques aussi.

PIERRE

Il connaît la CIA. Tu sous-estimes le pape.

DOMINIQUE

À la limite, Karl Marx, c'était un bourgeois allemand qui baisait continuellement les petites
bonnes dans la cave, en cachette de sa femme. Moi,
je me demande des fois jusqu'à quel point ses
théories viennent de sa culpabilité. La même chose
pour Freud, à moitié homosexuel, incapable de
baiser sa femme après quarante ans, excité à mort
par ses patientes. Ses querelles avec Jung, au fond,
c'est des histoires de femmes, des histoires de cul.

Le quai. Soir

Ils marchent toujours lentement tout en parlant. Feuilles d'automne dans un arbre, feuille
rouge tombée sur l'eau.

PIERRE

Ça me fait toujours rire d'entendre nos distingués
collègues sociologues, psychologues, construire
des théories sur la sexualité et de les retrouver
dans des salons de massage à se faire fouetter avec
des serviettes mouillées.

LOUISE

T'es déjà allé, toi, dans des endroits comme ça?

PIERRE

Bien sûr.

LOUISE

Souvent?

PIERRE

Oui.

LOUISE

Comment tu te sens par rapport à ça?

PIERRE

Comment je me sens?

LOUISE

Je sais pas moi... si j'apprenais que Rémy avait été dans ces endroits-là, je lui pardonnerais jamais.

Rémy regarde le ciel d'un air distrait.

PIERRE

Pourquoi?

LOUISE

Bien, je suis là, moi. S'il veut un massage, il a rien qu'à me le demander. Ça va me faire plaisir. Puis j'y vais pas, moi, dans ces endroits-là.

PIERRE

Toi, c'est normal.

LOUISE

Comment ça, normal?

> Ils s'arrêtent. Danielle et Pierre s'assoient sur un mur de béton, au bord de l'eau. La lumière descend lentement sur le lac.

PIERRE

Veux-tu, je vais te décrire un fantasme féminin? *Le* fantasme féminin. La femme est dans son appartement, son petit nid d'amour qu'elle a amoureusement décoré, son mari ou son petit ami arrive. Il a apporté quelques fleurs et une bouteille de champagne. Il est extrêmement gentil. Ils passent une belle soirée, et ils font l'amour. Fin du fantasme. C'est périssant d'ennui.

LOUISE

À chaque fois qu'il parle d'amour, c'est comme pour dire que c'est un sentiment ridicule! Non mais, Pierre, te rends-tu compte, toi, de la vie de ces pauvres femmes-là? Qui souvent sont obligées de travailler là-dedans. C'est comme si tu me disais que t'avais violé des femmes. C'est aussi insupportable. C'est des pauvres filles! La plupart du temps démunies!

DANIELLE

(*Concernée, sérieuse, sur la défensive.*) Comment tu sais ça, toi?

LOUISE

Il y a eu plein de reportages là-dessus!

Pierre et Danielle se regardent.

Salon de massage.
Bureau. Jour

Danielle est penchée sur le bureau de la dame.
Elle comparent leurs horaires.

DANIELLE

Non, le jeudi après-midi, je peux pas. J'ai Métho-
dologie démographique avec Henripin. Je peux
pas manquer ça.

DAME

Mais tu peux venir après six heures?

DANIELLE

J'aimerais mieux pas, parce que comme ça, je pourrais prendre Informatique et statistique à sept
heures.

DAME

Donne-moi une chance ma chouette! Le jeudi c'est
notre plus grosse journée! Manon a pas trouvé de

gardienne, et c'est le jour de congé du mari de Carole. On dirait que vous vous êtes donné le mot.

DANIELLE

Mais je peux pas me passer d'informatique moi. Je serai pas capable de suivre après ça.

Elle est interrompue par le timbre de la porte.

DAME

On verra ça tout à l'heure.

DANIELLE

OK.

Danielle sort par une porte de côté. La dame replace ses cheveux, actionne le déclencheur de serrure et Pierre entre.

DAME

Bonjour!

PIERRE

Bonjour.

DAME

Ça fait longtemps qu'on vous a vu.

PIERRE

C'est le temps de la remise des travaux.

DAME

Ah oui?

PIERRE

(Il s'assoit.) Je suis débordé! J'ai des corrections
par-dessus la tête.

DAME

Ça va vous prendre un bon massage.

PIERRE

Oh oui.

DAME

Avec la douche?

PIERRE

Oui.

DAME

Alors, cet après-midi, j'ai mademoiselle Kim,
mademoiselle Sandra et mademoiselle Suzan.

PIERRE

Suzan?

DAME

Oui, c'est une nouvelle. Elle travaille seulement à

temps partiel. Très appréciée. Je vous la recommande.

PIERRE

Ah bon. Je me fie à vous.

La dame actionne son intercom.

DAME

Suzan?

DANIELLE (off)

Oui?

DAME

J'ai un massage régulier avec douche pour toi.

DANIELLE (off)

J'arrive.

DAME

Ça sera pas très long.

Danielle entre, elle porte une chemise indienne courte. Elle a remonté ses cheveux.

DANIELLE

Bonjour.

PIERRE

(Séduit.) Bonjour.

DANIELLE

Par ici.

DAME

À tout à l'heure.

PIERRE

(Il se retourne.) À tout à l'heure.

> Sourire de Danielle à la dame. Ils entrent dans la salle de massage.

Salon de massage. Chambre. Jour

> Une toute petite chambre, dans la pénombre. Un lit de massage, surélevé, au mur un poster d'une fille nue. Sur une table, un contenant d'huile dans un réchaud, de la poudre, des Kleenex, des serviettes. Pierre se déshabille complètement. Danielle est adossée à la porte, près d'un lavabo.

PIERRE

Vous travaillez à temps partiel?

DANIELLE

Oui, je suis étudiante.

PIERRE

Vous étudiez quoi?

DANIELLE

L'histoire.

Pierre arrête son geste.

PIERRE

Où? À l'Université?

DANIELLE

Hmm. Je commence. C'est mon premier trimestre.

Pierre en reste bouche bée. Il ne regarde pas ce qu'il fait, rate le crochet avec sa veste, doit s'y reprendre à deux ou trois fois.

** * *

Danielle entre dans une salle de bains, suivie de Pierre avec une serviette autour de la taille.

DANIELLE

...par exemple les gens disent souvent qu'on vit dans une société de violence. On entend ça à la télé: la violence de la société moderne. *(Elle ouvre les robinets de la douche.)* Dans une perspective historique, c'est absolument faux. On vit dans une période relativement paisible. *(Elle regarde Pierre.)* Donnez-moi votre serviette.

> Il la lui tend. Il a l'air absent. Elle lui jette un regard amusé. Il entre dans la douche.

DANIELLE

Vous devriez enlever vos lunettes.

PIERRE

Ah.

> Il les lui donne. Elle sourit. Il entre dans la douche, tombe presque, se retourne vers Danielle et referme le rideau derrière lui.

DANIELLE

Si vous prenez par exemple la Deuxième Guerre mondiale, les gens parlent toujours des six millions de Juifs qui ont été exterminés. Bon, c'est vrai, c'est terrible. Sauf que ce qu'on commence à peine à réaliser c'est qu'entre, disons 1525 et 1750, il est mort à peu près cent millions d'Indiens dans les deux Amériques.

> Pierre ferme le robinet et ouvre le rideau de la douche. Danielle lui savonne doucement le dos, les fesses et l'arrière des jambes.

DANIELLE

L'arrivée des blancs a fait mourir à peu près cent millions de personnes en 250 ans. Aussi bien les massacres que les épidémies et tout. Cent millions! C'est la deuxième plus grande catastrophe de l'histoire de l'humanité, après la peste noire au moyen-âge. Comparé à ça, le vingtième siècle, c'est du bonbon! Tournez-vous s'il vous plaît.

> Pierre se retourne. Danielle lui savonne la poitrine. On s'approche en gros plan.

DANIELLE

Madame Saint-Arnaud nous parlait aussi des guerres de religion. Par exemple, l'hérésie des Albigeois dans le sud de la France au début du treizième siècle. Je vous donne pas tous les détails, là, c'est un peu compliqué. Mais les hérétiques s'étaient réfugiés dans la ville de Béziers. Alors les armées du pape sont arrivées...

> Elle s'agenouille pour lui laver les jambes et les cuisses.

DANIELLE

...Le problème c'était de différencier les hérétiques des citoyens ordinaires de la ville. Alors ils ont demandé conseil à l'évêque de Cîteaux. Savez-vous ce qu'il a répondu?

PIERRE

« Tuez-les tous, Dieu reconnaîtra les siens. »

DANIELLE

Vous le saviez?

PIERRE

C'est une réplique célèbre.

> On sent qu'elle est en train de lui savonner le pénis.

DANIELLE

Alors vous savez aussi qu'ils ont égorgé vingt mille personnes dans une nuit. C'est du monde vingt mille personnes! Si vous pensez qu'Hiroshima c'est cent mille morts. La différence est pas si grande, c'est juste une question de technique, à la hache ils pouvaient pas en tuer plus que vingt mille. C'est tout. On a rien inventé.

PIERRE

L'histoire de l'humanité, c'est une histoire d'horreur.

* * *

> De retour dans la salle de massage.
> Pierre est étendu à plat ventre sur la table de massage. Danielle lui masse le dos et la nuque.

DANIELLE

C'est comme les journalistes qui s'énervent, là, parce qu'il y a dix pour cent de chômage... Quand on pense qu'à Londres en 1850, sur un million de population, il y en avait six cent mille qui crevaient de faim littéralement. Moi, c'est ça que j'aime de l'histoire: c'est calmant.

Pierre se tourne sur le dos. Elle le masse.

PIERRE

Avez-vous fini vos travaux?

DANIELLE

Il m'en reste un pour lundi prochain en histoire médiévale.

PIERRE

Vous travaillez sur quoi?

DANIELLE

Le millénarisme. Je suis fascinée par tous les gens maintenant qui parlent de l'an 2000. *(Une pause.)* Allez-vous prendre le spécial?

PIERRE

...Oui.

DANIELLE

Vous connaissez les prix? Manuel, c'est vingt-cinq, buccal, quarante. Moi je vais pas plus loin.

PIERRE

Je vais prendre à la main pour aujourd'hui. Voulez-vous que je vous paye tout de suite?

DANIELLE

Non, tout à l'heure.

> Elle se retourne pour prendre le contenant
> d'huile. Elle s'en verse sur les mains, qu'elle
> frotte.

DANIELLE

C'est comme ça que je me suis intéressée à l'an mil.
En Europe, vous savez, ç'a été un événement capi-
tal. Il y a plein de gens qui pensaient que... à
minuit, le premier janvier de l'an mil *(on devine
par ses mouvements qu'elle le masturbe)*, la fin du
monde était pour arriver: la trompette de Gabriel,
les quatre cavaliers de l'Apocalypse, le jugement
dernier. Tout le bataclan... Mon Dieu, j'ai pas
enlevé ma blouse... Je suis pas très sexy...

PIERRE

Vous êtes très bien comme ça.

> Elle revient, les seins nus, et recommence à le
> masturber.

DANIELLE

Alors, les cathédrales étaient pleines, il y a beaucoup de gens qui avaient vendu leur maison pour
pouvoir donner tout leur argent aux pauvres. Il y
en a d'autres qui faisaient des processions en se
flagellant publiquement. Il y en a même qui...

> Gros plan sur les seins, de côté. On devine le mouvement de sa main droite sur le pénis de Pierre.

DANIELLE

... qui embrassaient des lépreux, qui léchaient leurs plaies. Moi, ce qui me fascinerait, là, c'est de savoir ce qui est arrivé, disons...

PIERRE

(Il lève la main. Voix entravée.) Excusez-moi, je vais jouir!

DANIELLE

Ah, excusez, je parle trop.

> Elle termine la masturbation. Il jouit. Elle le regarde.

PIERRE

Merci beaucoup, madame.

> Elle joint les mains devant sa poitrine et salue en penchant un peu la tête, comme une geisha.

DANIELLE

De rien, monsieur.

> Danielle le regarde en souriant, remet sa blouse et va au lavabo. On voit son visage serein dans le miroir devant elle.

PIERRE (off)

C'est à ce moment-là que c'est arrivé. Je suis devenu éperdument amoureux. Me faire masturber en parlant de l'an mil avait été pour moi une expérience intellectuelle et physique bouleversante.

Bord du lac.
Tombée de la nuit

Musique. Ils marchent lentement, en se tenant par le cou. Vues du lac, d'un clocher au loin, des chalets où quelques lumières se sont allumées.

DOMINIQUE (off)

Les signes du déclin de l'empire sont partout. La population qui méprise ses propres institutions. La baisse du taux de natalité. Le refus des hommes de servir dans l'armée. La dette nationale devenue incontrôlable. La diminution constante des heures de travail. L'envahissement des fonctionnaires. La dégénérescence des élites... Avec l'écroulement du rêve marxiste-léniniste, on ne peut plus citer aucun modèle de société dont on pourrait dire: voilà comment nous aimerions vivre. Comme sur le plan privé, à moins d'être un mystique ou un saint, il est presque impossible de modeler sa vie sur aucun exemple autour de nous. Ce que nous vivons, c'est un processus général d'effritement de toute l'existence.

À travers la fenêtre du chalet de Diane, on voit la tête de celle-ci. On devine Mario derrière elle. On pourrait croire qu'elle est en transes. Elle pousse un petit cri, trois fois, suivant un rythme lent. On devine qu'il la frappe.

Gros plan sur le magnétophone avec la cassette qui se déroule. Ils sont tous assis dans le salon de Rémy (sauf Diane et Mario), et ils écoutent l'interview de Dominique. Le magnétophone est posé sur la table à café. On contemple chaque visage en gros plan. Louise sort des bouteilles d'une armoire et sert tout le monde.

DIANE (off)

Et ce processus vous paraît inévitable?

DOMINIQUE (off)

Ah oui, certainement. Même si, comme à toutes les époques, vous trouverez des charlatans pour vous dire que le salut est dans la communication, les microcircuits imprimés, le renouveau religieux, la forme physique ou dans n'importe quelle autre sottise. Le déclin d'une civilisation est aussi inévitable que le vieillissement des individus. Au mieux, on peut espérer retarder un peu le processus. C'est tout. Remarquez que nous, ici, nous avons la chance de vivre en bordure de l'empire. Les chocs sont beaucoup moins violents. Il faut dire que la période actuelle peut être très agréable à vivre par certains côtés. Et de toute manière, notre fonctionnement mental nous interdit toute autre forme d'expérience. Je crois pas qu'il y en aurait beaucoup parmi nous qui pourraient vivre

au milieu des puritains de la Nouvelle-Angleterre
de 1650.

DIANE (off)

Dominique Saint-Arnaud, je vous remercie beaucoup.

Rémy appuie sur l'interrupteur.

RÉMY

Ouais... c'est gai!

Sourires approbateurs de Danielle et de Pierre,
puis de Dominique.

Louise se déplace dans la pièce, toujours occu-
pée à servir les digestifs.

LOUISE

Bien moi, je suis pas d'accord. Puis je suis sûre qu'il
y a des savants qui pourraient prouver exactement
le contraire: qu'on vit à une époque de renaissance
extraordinaire, que la science s'est jamais autant
développée, que la vie a jamais été aussi agréable.
C'est impossible de savoir dans quelle époque on
vit. Le mieux qu'on peut faire, c'est d'essayer d'être
heureux. C'est ça que les gens ont toujours voulu.
Et puis ceux qui y arrivaient pas inventaient des
histoires pour justifier leurs malheurs. Tu l'as dit
toi-même tantôt. Non. Moi je pense que, si toi tu
vis toute seule, que t'as sacrifié ta vie à ta carrière,
c'est pas une raison pour dire que si on est lucides,
il faut être déprimés.

Louise s'est assise sur le bras du fauteuil de Rémy. Dominique reçoit cette déclaration comme une gifle. Ses traits se durcissent imperceptiblement. Un moment de silence.

DOMINIQUE

(À Pierre et Rémy.) Vous m'avez toujours pas dit ce que vous pensiez de mon livre.

Silence.

LOUISE

Je suis sûre qu'ils pensent la même chose que moi, mais ils osent pas le dire.

DOMINIQUE

Moi je pense qu'ils sont surtout condescendants.

PIERRE

Pourquoi condescendants?

Silence.

DOMINIQUE

Parce que vous avez tous les deux couché avec moi.

Louise reçoit la nouvelle comme un coup de poing. Elle voit soudainement Rémy dans les bras de Dominique.

Chambre de Dominique

Musique. Dans le lit, Dominique, étendue sur Rémy. Ils s'embrassent.

Salon de Rémy.
Soir

Louise quitte le fauteuil de Rémy. Celui-ci est sérieux, préoccupé. Visage de Claude, qui avale sa salive.

PIERRE

(Mal à l'aise.) Mais c'est quoi le rapport avec ce qu'on peut penser de ton livre?

DOMINIQUE

Je pense que pour le genre d'hommes que vous êtes, il y a toujours une forme de lutte de pouvoir dans l'amour. J'ai souvent entendu Rémy dire qu'il voudrait coucher avec une grande intellectuelle comme, je sais pas moi...

ALAIN

Susan Sontag.

Visage amusé de Claude, pensif: décidément, on n'aide pas Rémy.

DOMINIQUE

Oui, c'est ça, oui. Au fond, c'est une volonté de se l'approprier. D'avoir le dessus sur elle, presque physiquement.

> Alain regarde Rémy, puis détourne la tête, embarrassé, conscient d'avoir fait une gaffe. Louise est devant la fenêtre, la tête tournée vers l'intérieur. Son regard est de plus en plus douloureux.

CLAUDE

Faut pas exagérer, quand même. Ça peut juste être le désir de partager, d'avoir accès...

DOMINIQUE

Peut-être, mais moi, je me méfie toujours de la condescendance des hommes qui m'ont fait jouir. « C'est une femme que j'ai eue. » Enfin je dis ça, peut-être que je me trompe.

> Elle prend une gorgée de son digestif, coule un regard à Rémy, qui a le front plissé, et qui joue avec un bouton de sa chemise. À nouveau Louise, qui regarde Rémy dont on voit le reflet dans la fenêtre, puis Dominique, absorbée dans ses pensées.

Chalet de Rémy.
La galerie. Nuit

Vue de la lune dans le ciel. Puis on voit tous les personnages (moins Diane, Mario et Louise) sur la galerie. Ils sont éclairés uniquement par derrière, par la lumière qui vient des fenêtres du salon. Ils regardent le ciel. On comprend qu'ils prennent un peu d'air avant d'aller se coucher. On voit la buée sortir de leurs bouches.

DANIELLE

Je me suis toujours demandé, s'il y avait une guerre atomique, est-ce qu'on verrait passer les missiles?

PIERRE

Non, ils seraient trop haut.

DANIELLE

Mais quand ils commenceraient à descendre?

PIERRE

Ce sont pas les missiles qui vont descendre, seulement les charges. C'est tout petit, ça.

Dans la maison, Louise prend un cachet, boit un verre d'eau.

DANIELLE (off)

Est-ce qu'on verrait les lueurs des explosions aux États-Unis?

DOMINIQUE

Si la base de Plattsburg était touchée, on verrait probablement la boule de feu d'ici.

> Danielle et Pierre se dirigent vers leur chalet. Rémy les rejoint.

RÉMY

Pierre! T'aurais pas des Valiums, toi?

PIERRE

Je pense pas qu'il m'en reste. Mais je dois avoir autre chose. Viens, on va aller voir.

Chalet de Pierre.
Salle de bains. Nuit

> Pierre fouille dans la pharmacie.

PIERRE

Des Valiums, j'ai arrêté d'en prendre, il m'en fallait tous les soirs. J'ai des Libriums si tu veux.

RÉMY

Ah, j'aime moins ça.

PIERRE

Il me reste des Mogadons, des Sorpax...

RÉMY

Ah, ok. Je vais en prendre deux. Merci.

> Pierre sort. Après un profond soupir, Rémy avale les pilules et boit un verre d'eau. Danielle entre.

DANIELLE

T"es un peu mal pris là, hein?

RÉMY

Ouais.

> Il sort. Danielle va à la pharmacie et prend une pilule anticonceptionnelle.

Chalet de Pierre.
Chambre. Nuit

> Danielle et Pierre se préparent à se coucher.

DANIELLE

Tu vois, moi j'aurais aimé ça avoir un enfant de toi, pour le garder en souvenir, pour après.

PIERRE

Faut avoir une assez bonne opinion de soi-même pour vouloir se reproduire. Moi, je m'aime pas tellement. Je suis pas assez optimiste non plus.

DANIELLE

Je suis sûre que tu ferais un très bon père.

PIERRE

Les intellectuels font rarement de très bons parents. Regarde les enfants de Diane, ceux de Rémy, c'est un désastre. Puis je suis trop égoïste aussi. Me faire casser les oreilles par du heavy metal quand j'ai envie de lire...

DANIELLE

C'est vrai que tu vas vieillir tout seul.

PIERRE

C'est pas les enfants qui changeraient quelque chose à ça. Ils me mettraient à l'hospice et ça les ennuierait considérablement de venir me voir le jour de Noël.

DANIELLE

Je t'aime.

PIERRE

Moi aussi, je t'aime.

> Elle l'embrasse. Elle va au lit, retire son chandail. Il éteint une lumière.

DANIELLE

Veux-tu faire l'amour avec moi?

PIERRE (off)

Non, il est trop tard.

> Ils se glissent sous les couvertures.

PIERRE

Si tu veux faire l'amour le soir, il va falloir que tu demandes à un jeune, comme Alain. Je suis sûr qu'il demanderait pas mieux.

> Il éteint sa lampe de chevet.

DANIELLE

J'ai pas envie de baiser, vieux concombre. J'ai envie de faire l'amour avec toi. Tu comprends jamais rien.

> Elle se colle contre lui, de dos. Elle ferme les yeux, paisiblement, en souriant.

PIERRE

Je sais que tu m'aimes uniquement pour mon corps.

> Elle lui donne un coup de coude dans l'estomac.
> Il pousse une plainte et rit.

DANIELLE

T'as une petite queue puis tu bandes mal!

PIERRE

Je t'aime, ma toutoune.

DANIELLE

Moi aussi, t'es bien chanceux.

PIERRE

Oui, je le sais.

Chalet de Rémy. Galerie. Nuit

Dominique descend une ou deux marches du perron, s'assoit à côté d'Alain. Elle tient une bouteille et deux verres à la main.

DOMINIQUE

Veux-tu un scotch?

ALAIN

Non, merci, j'aime pas ça.

DOMINIQUE

Tant pis. (*Elle se sert.*)

ALAIN

Pourquoi vous avez fait ça?

DOMINIQUE

Quoi?

ALAIN

Dire à Louise que vous aviez eu une aventure avec Rémy.

DOMINIQUE

Ça m'a échappé. *(Elle boit une gorgée.)* Je voulais la planter.

ALAIN

Pourquoi?

DOMINIQUE

Je sais pas. C'est venu tout d'un coup.

ALAIN

Ça vous ressemble tellement pas. Vous êtes toujours tellement calme, tellement souriante... En trois ans, je vous ai jamais vue impatiente.

DOMINIQUE

Il y a une chose qui m'énerve terriblement.

ALAIN

C'est quoi?

DOMINIQUE

L'inconscience. Les gens qui sont incapables de voir la réalité.

Chalet de Rémy.
Chambre de Louise et Rémy.
Nuit

Rémy est étendu dans le lit, le dos tourné à Louise.

LOUISE (off)

Parle-moi, Rémy.

RÉMY

Demain.

On voit Louise à côté, le visage défait. Elle a pleuré.

LOUISE

Qu'est-ce qui s'est passé avec Dominique?

RÉMY

(Dans un soupir.) Rien.

LOUISE

C'est pas ce qu'elle disait.

RÉMY

Veux-tu, on parlera de ça demain? Je viens de prendre deux Sorpax, là.

LOUISE

(Elle recommence à pleurer.) Rémy!... Parle-moi!... *(Sanglot.)*

RÉMY

Ah, pleure pas, pleure pas, ça vaut pas la peine. C'est rien.

Elle sanglote.

LOUISE

Rémy!

Chalet de Rémy.
Galerie. Nuit

Dominique parle en faisant quelques pas devant le perron, son verre à la main. Alain l'écoute, assis sur une marche.

DOMINIQUE

Il y a des fois où je peux vraiment plus supporter les petites femmes d'Outremont, avec leur petit mari, leurs petits enfants... J'ai tellement vu d'hommes se rhabiller dans ma chambre à deux

heures du matin... Faut dire que Rémy est spécial:
il a baisé la ville de Montréal.

ALAIN

Il dit qu'il est comme à la Croix-Rouge: c'est un
donneur universel.

DOMINIQUE

(Elle rit.) Il a couché avec Diane pendant deux
ans...

ALAIN

Ah oui? Avec Diane?

DOMINIQUE

Oui... et toutes les femmes baisables du département. Jusqu'à la dernière secrétaire. Puis il y a
toutes les autres ailleurs, que je connais pas...

> La caméra monte vers le balcon surplombant
> l'endroit où se trouvent Dominique et Alain.
> On voit Louise qui entend tout; elle se mord les
> lèvres, elle a le visage défait.

DOMINIQUE (off)

Il m'a même déjà dit qu'il avait baisé la sœur de
Louise.... et que ça l'avait excité à mort.

> On revient vers le bas.

ALAIN

Pourtant il est pas si beau que ça.

DOMINIQUE

Ça a pas de rapport. Il aime le cul. C'est irrésistible.
Il y a tellement d'hommes qui aiment pas vraiment ça.

Vue de Louise là-haut, bouleversée.

Chalet de Claude.
Living room. Nuit

Claude est assis sur un sofa. Il feuillette un livre
d'art. Il entend frapper doucement à la porte. Il
referme son livre. Louise est là, qui pleure. Elle
vient s'asseoir près de lui.

LOUISE

Est-ce que tu me prendrais dans tes bras s'il vous
plaît?

Elle se blottit dans ses bras et pleure. Claude est
un peu embarrassé, mais on sent en même
temps qu'il a l'habitude de ces situations. Il la
serre, elle sanglote, se dégage, irritée, il la
reprend doucement, elle se laisse aller contre
lui. Des sanglots déchirants.

Chalet de Rémy.
Galerie. Nuit

Dominique est assise à côté d'Alain, sur une marche.

DOMINIQUE

Si tu savais ce que ça me coûte d'avoir toujours le bel air raisonnable que tu aimes tant. Tous les matins je me lève en rage.

ALAIN

Contre quoi?

Elle dépose son verre près d'elle.

DOMINIQUE

N'importe quoi, tout, rien. J'arrive jamais à me calmer avant mon deuxième café.

Alain lui prend la main et y dépose un baiser, puis ils s'embrassent. Musique.

Le lac. Les chalets.
Aube

L'aube se lève. Un phare clignote dans l'eau. Vue du lac avec la brume qui monte. Cris d'oiseaux. Musique continue.

Piscine.
Jour

Louise nage en eau profonde. Le plongeur remonte du fond, la saisit par la taille et l'entraîne sous l'eau, vers le fond.

Chalet de Claude.
Living room. Aube

Louise se débat, sans se réveiller. Elle bouge. Claude ouvre les yeux. C'est l'aube. Il se dégage doucement de l'étreinte de Louise, il se lève, rattache sa blouse, va regarder par la fenêtre. Vue de l'aube sur le lac embrumé.

Salle de cours
à l'Université. Nuit

Claude est devant un écran sur lequel sont projetés successivement quelques détails de tableaux de Géricault et du Caravage.

CLAUDE

Il y a des peintres de la nuit, comme Rembrandt ou Georges de la Tour. Mais il y a très peu de peintres de l'aube. Parce que l'aube, c'est l'heure de la mort... L'heure de la lumière glauque. Il y a Géricault, mais surtout le Caravage.

Chalet de Claude.
Jour

Louise dort sur le divan de Claude. Vues de l'eau, de plantes, cris d'oiseaux, à l'aube.

Près des chalets.
Jour

Diane est adossée à la jeep de Mario. Ils s'embrassent passionnément. Mario tient une jambe de Diane remontée contre sa hanche, et lui caresse la cuisse.

MARIO

Je t'avais apporté quelque chose.

Il prend un paquet et un ballon gonflé en papier métallique, en forme de cœur, et les lui remet.

J'espère que tu vas aimer ça.

Il l'embrasse, monte dans la jeep, fait partir le moteur, pendant qu'elle attache le ballon au montant de la jeep. Il lui sourit et part. Diane suit, en robe de chambre, avec son cadeau.

Claude est sur la petite route. Mario le dépasse en jeep. Un regard échangé. Claude reste pensif. Diane s'approche.

CLAUDE

(*À Diane.*) Dure nuit?

DIANE

(Elle met ses lunettes.) Comme je les aime!

> Elle regarde le livre qu'elle a reçu de Mario, le
> retourne et le montre à Claude, avec un air
> entendu. C'est un livre d'histoire: *Notre passé
> présent, et nous.*

Entre les chalets, au bord du lac. Jour

> Claude et Diane marchent lentement sur la
> route, en se tenant par le bras. Diane est tou-
> jours en robe de chambre.

CLAUDE

J'ai encore pissé du sang tantôt.

DIANE

Beaucoup?

CLAUDE

Le bol était plein. *(Avec un profond soupir.)* C'est
comme ça tous les matins depuis une semaine.

DIANE

Mais c'est quoi?

CLAUDE

Ils savent pas. Ils font des tests.

DIANE

Mon Dieu, t'es tout mouillé.

> Elle lui passe la main sur la joue. Il soupire, lui
> prend la main. Alain et Dominique, en vête-
> ments de jogging, arrivent en courant en sens
> inverse. Ils s'arrêtent.

ALAIN

Venez manger! Je vais faire des œufs avec du
bacon. Ça, je suis capable.

DIANE

T'as bien l'air en forme, toi?

ALAIN

Moi, la campagne, ça me fait du bien.

> Ils repartent en courant. Dominique et Diane
> échangent un regard complice. Sourires de
> Diane et Claude.

Chalet de Rémy.
Salle de bains. Jour

> Louise et Rémy débouchent du corridor dans la
> salle de bains. Elle marche vite. Il court presque
> derrière elle. Ils s'arrêteront devant le lavabo.
> On les verra dans le grand miroir au-dessus de
> celui-ci. Louise appliquera une serviette mouil-
> lée sur son visage boursouflé.

RÉMY

Dominique, Diane, Claude, ils vivront jamais avec personne, ils seront toujours abandonnés. Pierre et Danielle, ça durera pas, dans un an ils vont être séparés. Nous, ça fait vingt ans qu'on est ensemble. C'est ça l'amour!.... C'est quelque chose qui dure, c'est quelque chose qui est assez fort pour supporter la maladie d'un enfant, la vieillesse...

Il s'agenouille devant elle, la tient par les hanches.

Je veux dormir avec toi, moi, le restant de mes jours. Je t'aime tellement.

Elle se cache le visage dans la serviette

Chalet de Rémy.
Cuisine. Jour

Alain tente de casser un œuf dans une poêle. La coquille tombe dans la poêle, le jaune est cassé.

ALAIN

Merde!

Dominique paraît dans le cadre de la porte.

DOMINIQUE

Besoin d'aide?

ALAIN

Oui, peut-être.

DOMINIQUE

Laisse.

Elle prend sa place.

ALAIN

Est-ce que je vais pouvoir vous revoir?

DOMINIQUE

Évidemment. Pourquoi tu demandes ça?

ALAIN

Je sais pas. À vous écouter, des fois, on sait pas trop quoi penser.

DOMINIQUE

Words are cheap, baby.

Elle l'agrippe par le chandail, sans se retourner, et l'attire vers elle.

ALAIN

Ça veut dire quoi?

Dominique se retourne vers lui, sans lâcher son chandail; elle l'attire plus près.

DOMINIQUE

Écoute pas ce que je dis. Touche-moi. Touche-moi, bébé.

Ils s'embrassent longuement.

Chalet de Rémy.
Cuisine d'été. Jour

Diane va et vient de la table au comptoir. Elle met le couvert pour le petit déjeuner. Claude s'assoit, puis on voit Rémy, déjà assis, absorbé et silencieux. Puis Pierre viendra se joindre à eux. Enfin Dominique, qui viendra de la cuisine, où elle et Alain font cuire les œufs.

DIANE

... ça c'est comme l'histoire de Robert Turmel qui s'en va aux Rencontres muséologiques de Venise...

CLAUDE

Je le sais, j'étais avec lui.

DIANE

Ah oui, c'est vrai! Alors t'es au courant qu'il a eu une aventure brûlante avec une Italienne.

CLAUDE

Non, c'était pas tout à fait une aventure: il a passé

une nuit avec Monica Macerola, la spécialiste des Pollaiuolos...

CLAUDE DIANE

Moi, sa femme m'a dit que ça avait été beaucoup plus qu'une nuit...

CLAUDE

Non, seulement la dernière nuit. C'est lui qui me l'a dit.

DIANE

En tout cas, ce qui s'est passé, c'est que quand il est arrivé à Montréal, il a dit à sa femme...

PIERRE

Il a rien dit à sa femme...

DIANE

Comment ça? C'est elle-même qui me l'a raconté!

PIERRE

Mais c'est lui qui m'en a parlé!

DIANE

Écoute, on va demander à Dominique, c'est un de ses amis. Dominique?

Dans la cuisine, dans les bras d'Alain, elle fait cuire les œufs.

DOMINIQUE

Oui?

On revient dans la cuisine d'été.

DIANE

Robert Turmel, qu'est-ce qu'il a raconté à sa femme en revenant d'Italie?

Dominique apparaît dans l'embrasure de la porte, Alain derrière elle.

DOMINIQUE

Je sais pas, il a dit qu'il avait eu une aventure?

CLAUDE

Mais non! Moi, la façon dont j'ai compris l'histoire, c'est qu'au moment où il allait avouer...

Il passe la cafetière à Rémy, se lève avec sa tasse et vient s'appuyer sur le comptoir.

... sa femme lui a dit qu'elle avait couché avec un autre homme pendant son voyage. C'est ça qui l'a jeté par terre.

DIANE

Sa femme lui a jamais dit ça!

DOMINIQUE

Non, c'est impossible, ça.

DIANE

Non, ce qui s'est passé, c'est que sa femme se doutait de quelque chose...

PIERRE

Non, sa femme se doutait de rien.

CLAUDE

Mais oui, c'est ça, parce que si elle s'était douté de quelque chose...

DIANE

Écoute, ça se sent, ces choses-là!

DOMINIQUE

Non, c'est lui qui a senti un malaise!

> Gros plan sur Rémy qui prend une gorgée de café.

PIERRE (off)

Non, écoutez, je connais très bien Robert, il m'aurait pas menti!

DIANE (off)

En tout cas, il y en a un des deux qui ment...

Chalet de Rémy.
Salon. Jour

Les voix de la cuisine continuent sur cette séquence. Danielle entre par la porte d'en avant. Elle s'assoit au piano, ouvre un livre de musique, tente de déchiffrer la partition. Louise descend lentement l'escalier, les yeux cachés derrière des lunettes noires.

DIANE (off)

... Moi, je serais plutôt portée à faire confiance à sa femme...

DOMINIQUE (off)

Moi aussi, quant à ça.

PIERRE (off)

Au fond, c'est un hyper sensible, c'est vrai!...

DIANE (off)

C'est surtout la peau qu'il a de sensible!

DOMINIQUE (off)

Tu trouves qu'il a la peau sensible, toi?

DIANE (off)

Je le sais pas...

Danielle se met à jouer, ce qui couvre presque les voix.

DANIELLE

(À Louise.) Viens m'aider.

Louise sourit, s'assoit au piano à côté de Danielle.

C'est ça, là?

Louise hoche la tête en signe d'approbation.

DANIELLE

Donnes-tu toujours tes cours de piano?

LOUISE

(D'une voix blanche.) Deux après-midi par semaine. Avec les enfants, c'est difficile...

DANIELLE

Tu pourrais les faire garder.

LOUISE

(Elle compte les mesures.) ... deux, trois.

Elles commencent à jouer en duo.

On revient autour de la table. On entend le piano au loin.

DIANE

Moi, je vous jure que ça s'est passé comme ça.

PIERRE

(Debout dans l'embrasure de la porte.) Moi, j'ai l'impression qu'on saura jamais vraiment le fond de l'histoire.

> Il porte à sa bouche le quartier d'orange qu'il tenait et va vers le salon.

> On revient au salon, au piano. Danielle et Louise jouent toujours. Celle-ci tourne une page du cahier. Pierre écoute la musique. On voit Rémy venir se placer devant une fenêtre. Il regarde dehors. Gros plan de Pierre, grave, puis de Rémy qui se retourne vers le piano, inquiet. Puis, lentement, il retourne à sa contemplation du lac.

> Dans la cuisine, Dominique écoute la musique. Alain, derrière elle, la serre dans ses bras et l'embrasse dans le cou. Elle lui donne un coup, avec le linge qu'elle tient à la main, faussement agacée.

> À la table, Diane, debout derrière Claude assis, le prend par le cou.

DIANE

Ça va?

CLAUDE

Ça va.

> Elle le serre avec tendresse. Ils écoutent le piano.
> Ciel plein de nuages blancs.

> La maison de Rémy en hiver. La neige tombe. Image blanche et bleue. Générique de fin, avec toujours la musique du piano.

1er tirage: septembre 1986

Ce deuxième tirage a été achevé d'imprimer en janvier 1987
aux ateliers du Groupe d'imprimeries Inter-Mark Inc., à Montréal,
pour le compte du Boréal.